史記故事

目川文化

目錄

【列傳篇】

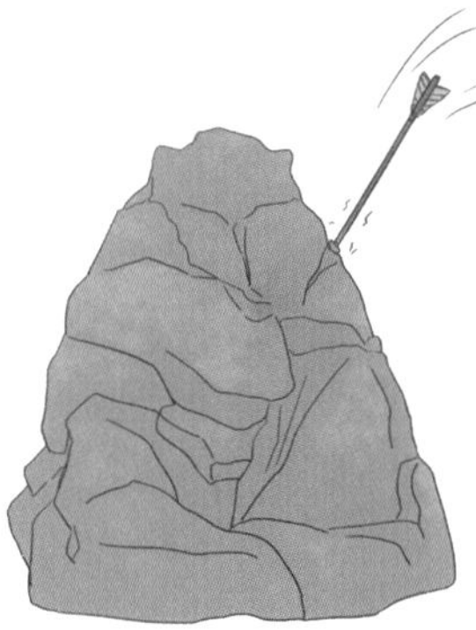

【推薦序】

我們讀的故事，決定我們成為什麼樣的人！

陳欣希（臺灣讀寫教學研究學會理事長、曾任教育部國中小閱讀推動計畫協同主持人）

經典，之所以成為經典，就是因為——其內容能受不同時空的讀者青睞，而且，無論重讀幾次都有新的體會！

兒童文學的經典，也不例外，甚至還多了個特點——適讀年齡：從小、到大、到老！

◇年少時，這些故事令人眼睛發亮，陪著主角面對問題、感受主角的喜怒哀樂……，漸漸地，有些「東西」留在心裡。

◇年長時，這些故事令人回味沈思，發現主角的處境竟與自己的際遇有些相似……，漸漸地，那些「東西」浮上心頭。

◇年老時，這些故事令人會心一笑，原來，那些「東西」或多或少已成為自己的一部分了。

是的，我們讀的故事，決定我們成為什麼樣的人。

擅長寫故事的作者，總是運用其文字讓我們讀者感受到「主角如何面對自己的處境、有何情緒反應、如何解決問題、擁有什麼樣的個性特質、如何與身邊的人互動……」。就這樣，在閱讀的過程中，我們會遇到喜歡的主角，漸漸形塑未來的自己；在閱讀的過程中，我們會感受不同時代、不同國家的文化，漸漸拓展寬廣的視野！

鼓勵孩子讀經典吧！這些故事能豐厚生命！若可，與孩子共讀經典，聊聊彼此的想法，不僅促進親子的情感、了解小孩的想法、也能讓自己攝取生命的養份！

倘若孩子還未喜愛上閱讀，可試試下面提供的小訣竅，幫助孩子親近這些經典名著！

【閱讀前】和小孩一起「看」書名、「猜」內容

以《頑童歷險記》一書為例！

先和小孩看「書名」，頑童、歷險、記，可知這本書記錄了頑童的歷險故事。接著，和小孩猜猜「頑童可能是什麼樣的人？可能經歷了什麼危險的事……」。然後，就放手讓小孩自行閱讀。

【閱讀後】和小孩一起「讀」片段、「聊」想法

挑選印象深刻的段落朗讀給彼此聽，和小孩聊聊——或是看這本書的心情、或是喜歡哪一個角色、或是覺得自己與哪個角色相似……。

（親職專欄作家、「多元作文」和「媽媽 Play 親子聚會」創辦人）

在這麼多年教授閱讀寫作的歷程之中，經常有家長詢問我，該如何為孩子選一本好書？而我常常告訴家長：「如果你對童書或是兒少書籍真的不熟，不知道要給孩子推薦什麼書，沒有關係，選『經典名著』就對了！」

為什麼呢？道理很簡單。一部作品，要能夠歷經時間的汰選，數十年、甚至數百年後依舊能廣受歡迎、歷久不衰，證明這本著作一定有其吸引人的魅力，以及亙古流傳的核心價值，才能夠不畏國家民族的更替、不懼社會經濟的變遷，一代傳一代，不褪流行、不嫌過時，歷久彌新，長久流傳。

這些世界名著，大多有著個性鮮明的角色、精采的情節，以及無窮無盡的想像力，令人目不轉睛、百讀不厭。此外，**這類作品也不著痕跡的推崇良善的道德品格，讓讀者在不知不覺的閱讀經驗之中，潛移默化，從中學習分辨是非善惡、受到感動啟發。**

比如說《地心遊記》的作者凡爾納，他被譽為「科幻小說之父」，知名的作品有《海底兩萬里》、《環遊世界八十天》……等六十餘部。這本《地心遊記》廣受大人小孩的喜愛，一共被搬上銀幕八次之多！凡爾納的文筆幽默，且本身喜愛研究科學，因此他的《地心遊記》不但故事緊湊，冒險刺激，而且很多描述到現在來看，仍未過時，甚至有些發明還成真了呢！

又如兒童文學的代表作品《祕密花園》，或是馬克・吐溫的《頑童歷險記》，驕縱的女主角瑪麗和流浪兒哈克，以及調皮搗蛋的湯姆，雖然不屬於傳統乖乖牌的孩子，性格灑脫不羈，無法在課業表現、生活常規上受到家長老師的稱讚，但是除卻一些小奸小惡，在大節上他們卻是堅守正義、伸張公理的一方。而且比起一般孩子來，更加勇敢、獨立，富於冒險精神。

這不正是我們的社會裡，一直欠缺卻又需要的英雄性格嗎？

還有像是《青鳥》，這個家喻戶曉的童話故事，藉由小兄妹與光明女神尋找幸福青鳥的過程，作者以隱喻的方式，將人世間的悲傷、快樂、死亡、誕生、……以各式各樣的想像國度呈現在眼前。最後，兄妹倆歷經千辛萬苦，才發現原來幸福的青鳥不必遠求，牠就在自己的家裡。這部作品雖是寫給孩子的童話，卻是成人看了才能深刻體悟內涵的作品，難怪到現在仍是世界舞台劇的熱門劇碼。

另外，現在雖已進入21世紀，然而隨著人類的科技進步，「大自然」的課題，重要性卻日益增加，不曾減低。這次這套【影響孩子一生的世界名著】裡，有四本跟大自然、動物有關的作品：《森林報》、《騎鵝旅行記》和《小鹿斑比》、《小戰馬》。這些作品早已經因為各式改編版的卡通而享譽國內外，然而，閱讀完整的文字作品，還是有完全不一樣的感動。尤其是我個人很喜歡《森林報》，對於森林中季節、花草樹木的描繪，讀來令人心曠神怡。

這套【影響孩子一生的世界名著】選集中，我認為比較特別的選集是《好兵帥克》和《史記故事》。前者是捷克著名的諷刺小說，小說深刻地揭露了戰爭的愚蠢與政治的醜惡，筆法詼諧逗趣；後者則是中國的古典歷史著作，收錄了許多含義深刻的歷史故事。這兩本著作非常適合大人與孩子共讀。

衷心盼望我們的孩子能**多閱讀世界名著，與世界文學接軌之餘，也能開闊心胸、增長智慧、陶冶品格，將來成為饒具世界觀的大人。**

戴月芳（國立空中大學／私立淡江大學助理教授、資深出版人暨兒童作家）

要對孩子介紹中國悠久五千年的特立人物，要挑選哪些人呢？我相信編輯們肯定傷透腦筋，如果依照漢朝史學家司馬遷撰寫《史記》的標準，應該是智、愚、賢、不肖都要介紹給孩子，在這世上沒有一個人是完美的，也沒有一個人一無是處，所謂「天生我才必有用」，因此司馬遷告訴我們，他撰寫人物的標準在於「重視人物的表現」，而不是「人物的功成名就」。目川文化出版的《史記故事》主要以人物傳記為主，挑選了大禹、周武王、秦始皇、項羽、重耳、句踐、趙氏孤兒、孔子、孫臏、蘇秦、孟嘗君、廉頗、荊軻、李廣等十五人，這些人物符合司馬遷的標準，讓孩子以他年齡的認知去學習判斷，誰的優點可以學習，誰的缺點可以警惕，而不是一味給予好的結果，忽略了做人做事的過程。

個性決定一切，有人充滿耐性，所以可以治黃河三年過家門而不入，例如大禹；有人載著父親的屍體去討伐君主紂王，但是當處士告誡他犯了「父死不葬」的不孝行為，他還是乖乖的先遵從孝道再來討伐暴君，例如周武王；有人叱吒風雲，統一天下，被罵成過於殘暴，但不知他有一個殘缺的身體和可憐的童年，例如秦始皇；擁有滿腹的學問，四處周遊列國，希望各國能重用他，可惜國君都怕他，讓他懷才不遇，例如孔子。這些影響一世歷史的千古人物，因為他們的作為，在歷史的歲月留下了他們值得借鏡的點點滴滴。

老祖宗的想法，老祖宗的做法，**因為時代背景的不同，產生不同的決定和影響，我們讓孩子認識時間、環境、角色、個性、條件會影響抉擇，所以就會學到體諒、關懷、忍耐、勇敢、上進、寬容、負責、機智，這些都是不同時代的人物留給我們最好的資產。**一個人最棒的地方，就是從平凡看見了不平凡，從小處看見了偉大。

施錦雲（新生國小老師、英語教材顧問暨師訓講師）

108新課綱即將上路，新的課綱除了說明12年國民教育的一貫性之外，更強調「核心素養」。所謂「素養」，在蔡清田教授2014年出版的《國民核心素養：十二年國教課程改革的DNA》一書中，強調素養同時涵蓋competence及literacy的概念，competence是學科知識、能力與態度的整體表現，literacy所指的就是閱讀與寫作的能力。

一套能提供學生培養閱讀興趣與建立寫作能力的書籍是非常重要的，【影響孩子一生的世界名著】就是這樣的優質讀物。這系列共10本書，精選了10個來自不同國家作者的經典著作及多樣的主題，讓學生可以透過閱讀了解做人的基本道理及處事的態度，進而包容多元的文化並尊重大自然。

《史記故事》透過精選的15則故事，讓讀者鑑往知來，從歷史故事中出發，當生活中遇到困難該如何面對。

《騎鵝旅行記》能透過主人翁的冒險，理解到友誼及生命的可貴。

《青鳥》能讓孩子了解幸福的真諦。

《地心遊記》充滿冒險與想像，很符合這個現實與虛擬並存的21世紀。

《小戰馬》能讓讀者理解動物的世界，進而愛護動物並與大自然和平共存。

一套優良的讀物能讓讀者透過閱讀吸取經驗並激發想像力，閱讀經典更是奠定文學基礎最好的方式。

張佩玟（南門國中國文老師、曾任國語日報編輯）

經典名著之所以能流傳上百年，正因為它們蘊藏珍貴的人生智慧。【影響孩子一生的世界名著】選取了不同時空的精采故事，帶著孩子一起進入智慧的殿堂。當孩子正要由以圖為主的閱讀，逐漸轉換至以文為主階段，此系列的作品可稱是最佳選擇，無論情節的發展、境況的描述、生動的對話等皆透過適合孩子閱讀的文字呈現。

我們由衷希望孩子能習慣閱讀，甚至能愛上閱讀，若能知行合一，更是一樁美事，**讓孩子發自內心的「認同」，自然而然就會落實在生活中。**

張東君（外號「青蛙巫婆」、動物科普作家、金鼎獎得主）

有些書雖然是歷久彌新，但是**假如能夠在小時候以純真的心情閱讀，就更能獲得一輩子的深刻記憶。**……縱然現在的時代已經不同，經典文學卻仍舊不朽。我的愛書，希望大家也都會喜歡。

謝隆欽（地球星期三 EarthWED 成長社群、國光高中地科老師）

就一本啟發興趣與想像的兒童小說而言，是頗值得推薦的閱讀素材。……文字淺白，情節緊湊，若是**中小學生翻閱，應是易讀易懂；也非常適合親子或班級共讀**，讓大小朋友一同與書中的主角，共享那段驚險的旅程。

王文華（兒童文學得獎作家）

【影響孩子一生的世界名著】跨越時間與空間的界限，帶著孩子們跟著書中主角一起生活與成長，從閱讀中傾聽《小戰馬》、《小鹿斑比》等動物與大自然和人類搏鬥的心聲，跟隨《地心遊記》、《頑童歷險記》、《青鳥》追尋科學、自由與幸福的冒險旅程，踏上《騎鵝旅行記》、《森林報》的歐洲土地領略北國風光，一窺《史記故事》、《好兵帥克》的中國與歐洲一戰歷史。**有一天，孩子上歷史課、地理課、生物自然課，會有與熟悉人事物連結的快樂，自然覺得有趣，學習起來就更起勁了。**

（水瓶面面、後勁國中閱讀推動教師、「英文繪本教學資源中心」負責老師）

孩子透過閱讀世界名著，將**豐富其人文底蘊與文學素養**，誠摯推薦這套用心編撰的好書給大家。

（神奇海獅先生、漢堡大學歷史碩士）

介於原文與改寫間的橋梁書，除了提升孩子的閱讀能力與理解力，他們更可以從一則又一則的故事中了解各國的文化、地理與歷史，也能從《好兵帥克》主人翁帥克的故事中，明白戰爭帶給人類的巨大傷害。

（臺北市立動物園園長、台大獸醫系碩士）

在我眼裡，所有動物都應受到人類尊重。從牠們的身上，永遠都有值得我們學習的地方。很高興看到這系列好書《小戰馬》、《小鹿斑比》、《騎鵝旅行記》、《森林報》中的精采故事。相信從閱讀這些有趣故事的過程，可以從小**培養孩子們尊重生命，學習如何付出愛與關懷，更謙卑地向各種生命學習，關懷自然**。真心推薦這系列好書。

第一章 三過家門不入——大禹治水

堯帝在位的時候，天下經常發生水災，造成老百姓很大的損失。堯帝曾經派鯀去治水，鯀採用到處堵水的方法，但是治水的工作一直沒有成功。後來，舜接替堯帝的位置，成為帝王。舜帝到治水現場巡視時，看到鯀的治水工作始終徒勞無功，非常不開心，就把鯀流放到偏遠的羽山。大家都認為舜帝對鯀的懲罰是正確的，因為鯀無效的治水方法，讓老百姓多吃了好幾年的苦。

堯帝逝世後，舜帝問大臣們：「有誰能完美治水呢？如果真的有這樣的人，應該請他擔當重任。」

大臣們推薦道：「鯀的兒子禹，可以成就一番大業。」

聽完大臣們的建議，舜帝便把禹請來，並命令他：「你去平定水災。希望你能完成這個任務，之後，我還有更重要的職務請你擔任。」

禹為人機智敏捷，又吃得了苦，他有良好的品德，還懷著一顆仁愛之心。

他的行為讓人樂於親近，他的言語使人由衷信服。禹的出身十分高貴，卻沒有因為自己的身分而驕縱放肆，相當難能可貴。

禹接受舜帝交給他的重任之後，決定徹底消除水患，發誓如果沒有戰勝洪水，就不回家。看到自己的父親因為治水失敗而受到懲罰，禹知道必須改變原有的觀念和方法。他帶領部下翻山越嶺、走遍全國，利用當時所有能派上用場的儀器、設備勘察地形，制訂整治山川的規劃。他決定按照春夏秋冬的季節規律，測量九座高山，疏通九條河道，整治九處湖泊，開發九州土地。他發現全國的地形西高東低，而水的特性是從高處往低處流，靠著硬堵來治水，當然無法奏效。於是，他改變父親堵水的舊有方法，改而採取開挖管道、疏通河流的方式，順著地勢把水排入大海。他還親自戴上斗笠，和老百姓們一起拿著鐵鍬，開挖山地，修建渠道，疏通河川。

當時，在黃河中游有一座叫做龍門山的大山阻斷水流，奔流而下的黃河河水，因為無法衝破龍門山的屏障，便會溢出河道，形成洪水，每年的水災都很嚴重，對住在周遭的老百姓造成很大的損失。禹好幾次去那裡察看地形，發現如果不把龍門山鑿通，就無法讓黃河的河水暢通。於是他命令附近的部落首領和貴族，讓他們號召百姓一起出力，全力開鑿大山，這一項大工程經過好幾年的奮戰，終於把龍門山鑿開。從此以後，黃河的河水再也不會滿溢、氾濫成災，而是乖乖聽話的流向大海。

禹運用同樣的方法，讓九條大河的水流都得以暢通，各處荒蕪的土地都順利獲得開發。老百姓免於水患之苦後，日子變得安定而富裕。禹的功績，廣受天下人讚揚。

為了消除水患，禹下了非常大的決心，在他治水的十三年期間，好幾次經過家門，但都沒有進去。「三過家門而不入」的傳說，就是禹為了眾人的利益，不辭辛勞的最佳寫照。據說有一次，他的妻子剛生下兒子不久，禹正好經過家門口，聽見兒子在哇哇大哭，讓他很想進門看一看素未謀面的兒子和許久不見的妻子。禹在門外徘徊，好幾次想跨進家門，但他一想到治水的任務還沒有完成，又想到自己立下的誓言，便咬著牙，昂首走過家門。

舜帝也對禹的治水功績非常佩服。有一次，舜帝在與大臣們開會時，談論起治水的事。舜帝問禹：「你是靠什麼成功治水？」

禹回答：「我靠的是勤勉不懈的工作。」

舜帝又問：「能詳細說說，你是怎樣勤勉不懈嗎？」

禹照實回答：「治理洪水時，我與普通老百姓一起勞動。不管是鑿山開河，還是挖泥運土，我都搶著做，不分日夜的工作著。在勞動中，我的手指甲被磨光，再也長不出指甲；小腿上的毛都褪掉，再也長不出汗毛；腳底也長滿老繭，走路時疼痛難耐。但是直到治水結束之前，我從來都沒有因此停下來。」

舜帝和大臣們聽了，對禹更加敬佩。舜帝還特別賞賜禹一塊黑色的寶玉，並以此昭告天下，治水的工程已經完成。

禹因為治水成功，贏得全國人民的愛戴。由於他解除老百姓的痛苦，立了大功，所以人們都尊稱他為「大禹」。大禹為了治水，「三過家門而不入」的高尚品德，也被後人們推崇。舜帝年老後，順應民心，把帝位禪讓給禹。禹帝在位期間，仍保持治水時的作風，勤政愛民，用心為人民做事。

三過家門不入：大禹為了完成治水的任務，因公忘私的精神，十分令人欽佩。他堅強的意志和負責任的態度，更是值得我們學習。平常我們無論是做功課或打掃工作時，也都應該用心的貫徹完成，才是負責任的表現。

第二章

推翻暴政——武王伐紂

商朝的最後一個帝王名叫辛，是歷史上非常著名的暴君，所以人們稱他為「商紂王」。商紂王頭腦靈活，口齒伶俐，但他把這些本事用在拒絕大臣們的勸諫；他身材高大，體力驚人，赤手空拳就能殺死猛獸，但他把這身強健體魄用來狩獵和享樂。他還喜歡吹噓炫耀，認為天底下所有人的本領都不如他。為了自己的享樂，商紂王搜刮大量的錢財，修築很多豪華的宮殿，擴建獵場。宮殿內都是玩物珍寶，獵場裡滿布飛禽走獸。商紂王整天沉迷於玩樂，對國家大事毫不關心。

有一次，為了討寵妃妲己的歡心，商紂王靈機一動，想出一個絕無僅有的遊樂方法。他叫人在宮中的水池裡灌滿酒，在樹上掛滿熟肉，還找了許多街頭藝人演出歌舞來炒熱氣氛。而他自己則和妲己及一群貴族們赤身裸體，在酒池邊、「肉林」下，盡情嬉鬧追逐，遊戲享樂。他們渴了就喝池中的酒，餓了就

吃樹上的肉，樂此不疲。

商紂王的生活靡爛，不懂節制，漸漸引起百姓的怨恨和大臣的不滿。很多人向他建議不要這樣做，否則只會對國家和自己帶來禍害。但商紂王不但不理會這些意見，反而設置許多酷刑，來鎮壓那些對他不滿的人。

九侯、鄂侯、西伯昌是當時三個諸侯國的首領，號稱「三公」，商紂王曾命令他們幫助天子。九侯的女兒是商紂王的妃子，她無法忍受商紂王荒淫殘暴的行為，於是在私底下議論幾句。妲己聽說後，跑到商紂王面前講九侯女兒的壞話，沒想到商紂王竟然把九侯的女兒殺了。後來，商紂王擔心九侯會心生怨恨，竟然將九侯騙進宮中施以醢刑，把他剁成肉醬。

鄂侯聽說這件事，趕緊跑去勸阻商紂王，反覆解釋九侯是個對國家、帝王忠誠不二的人。但商紂王聽不進去，居然動用脯刑，殺了鄂侯，把他製成肉乾。

「三公」之一的西伯昌，得知兩位老友不幸慘死的消息後，非常悲傷，只能暗中埋怨。商紂王聽說這件事後，又派人把西伯昌關起來。無奈之下，西伯昌的手下把美麗的女子、奇異的物品、精良的馬匹獻給商紂王，西伯昌才被放出來。

雖然商紂王非常殘暴，但仍然有忠心愛國的人不怕死的勸阻他，大臣比干就是其中一個。得知「三公」的遭遇後，他挺身而出，對商紂王說：「您不能再這樣下去，必須做出改變，好好治理國事。我的話說完了，就算要我死，我也不怕！」商紂王大怒，竟然當著所有人的面，親手剖開比干的胸膛，挖出一顆血淋淋的心！

大臣箕子也是一位忠臣，他也規勸過商紂王好幾次。然而，當他親眼目睹商紂王殘殺比干的全程後，深知自己接下來的命運也好不到哪裡去。驚恐萬分的他決定裝瘋賣傻，想方設法當別人的奴隸，以此躲避可怕的朝廷。但商紂王依然不願意放過他，把他抓了起來，關進牢裡。

商紂王的荒淫殘暴漸漸失去民心，引起全國的混亂，不僅百姓逃亡，許多大臣也無法忍受，紛紛逃往他國。就連西伯昌、太師、少師等諸侯首領和大臣，也率領部下逃往遠方。

西伯昌逃離商紂王，到了一個名叫周的小國定居下來，暗地裡磨練自己的意志，施行仁政，愛護民眾，在當地做了很多好事。漸漸的，很多不滿商紂王的諸侯國紛紛脫離商朝，並改而歸順周國，西伯昌的勢力也越來越大。後來，西伯昌自稱為周文王，但沒有多久，他就去世了。他的兒子發繼承王位，也就是日後的周武王。

之後，周武王累積起一股強大的軍事力量。而荒淫殘暴的商紂王仍然沒有悔改，他帶領軍隊，在牧野擺開陣勢，與周武王率領的軍隊決一死戰，這場戰爭就是歷史上有名的「牧野之戰」。

商紂王早已失去民心，連他臨時召集的軍隊也不肯聽他的指揮，因為他們都是深受商紂王殘暴統治之苦的奴隸。就這樣，戰爭才剛開始，他們就紛紛叛變，反而幫助周武王攻打商紂王。商紂王很快就被打敗，只好逃進王宮。他穿著一件用珍珠、寶玉裝飾的衣服，登上耗費巨資打造、用於玩樂的樓臺，跳進火中，自焚而死。

周武王把大臣箕子與其他被商紂王關在牢裡的人都放了出來，還重新修築比干的墓。老百姓從此不用再過著水深火熱的日子，因此大家都歡天喜地的在商朝的都城中，通宵達旦的慶祝。

商朝被消滅後，各國的首領一致推舉周武王為天子。這就是中國另一個王朝——周朝的開始。

酒池肉林：紂王沉溺於眼前的歡樂，毫無節制，最後導致滅國的下場。小朋友，你是不是喜歡打電動呢？如果太過沉迷，也可能荒廢學業、視力受損，嚐到痛苦的後果喔！

第三章　統一天下——秦始皇

「秦始皇」嬴政是秦國莊襄王的兒子。嬴政十三歲時，秦莊襄王去世，他接替父親的位置，成為秦王。

秦王封呂不韋為丞相，蒙驁、王齕、麃公等人則擔任將軍。由於嬴政即位的年紀還小，所以國家大事都委託給這些大臣們處理。

秦王嬴政統治期間，秦國境內發生了不少事件：蒙驁將軍平定晉陽城的叛亂；王齕、麃公兩位將軍分別率兵攻打魏、韓等國，都取得勝利。此外，秦國還克服饑荒、蝗蟲、瘟疫等災害。後來，又成功反擊韓、魏、趙、衛、楚五國向秦國的聯合進攻。

那個時候，有一位名叫嫪毐的人，深得太后的寵信，除了被封侯之外，秦王還把山陽地區賜給他作為封地。後來，秦王甚至把河西太原郡，直接改名為「毒國」。沒想到嫪毐對此仍然不滿足，當秦王舉行成年加冠典禮時，竟暗中

謀劃發動叛亂。

當時，嫪毐假造秦王的玉璽和太后的印章，調動軍隊、侍衛和士兵，準備攻打秦王居住的蘄年宮。秦王得知後，馬上命令軍隊攻打嫪毐。雙方人馬在咸陽開戰，最後秦王的軍隊殺死了嫪毐。

事隔一年，秦王發現丞相呂不韋與嫪毐有往來關係，就將他的職務撤除。不久後，呂不韋就畏罪自盡了。

當時，許多來自各國的豪傑和賢能之士都在秦國求官，不少人受到重用。嫪毐的叛亂事件過後，秦王一方面為了清除嫪毐殘留的勢力，在全國進行廣泛的搜查，另一方面則擔心其他人會像嫪毐一樣作亂，因此下達「逐客令」，要把從各國來秦國任職的豪傑和賢能之士趕走。

丞相李斯發現這個情況後，寫了一篇〈諫逐客書〉，向秦王說明驅逐各國豪傑和賢能之士的種種壞處。秦王讀了這篇文章後，了解自己的錯誤，就取消了「逐客令」。

李斯更進一步勸說秦王先攻取韓國，用這樣的方法震懾其他的諸侯國，秦王接受了這個建議，派李斯率兵攻打韓國。

從大梁城來的賢士尉繚也向秦王獻上計謀：「秦國如此強大，其他諸侯國根本不堪一擊。我唯一擔心的是各諸侯國聯合起來，出其不意的一起攻打秦國，希望大王利用大筆錢財，收買各諸侯國擁有權勢的大臣，擾亂他們聯合抗秦的計畫。您的花費頂多是三十萬金。」

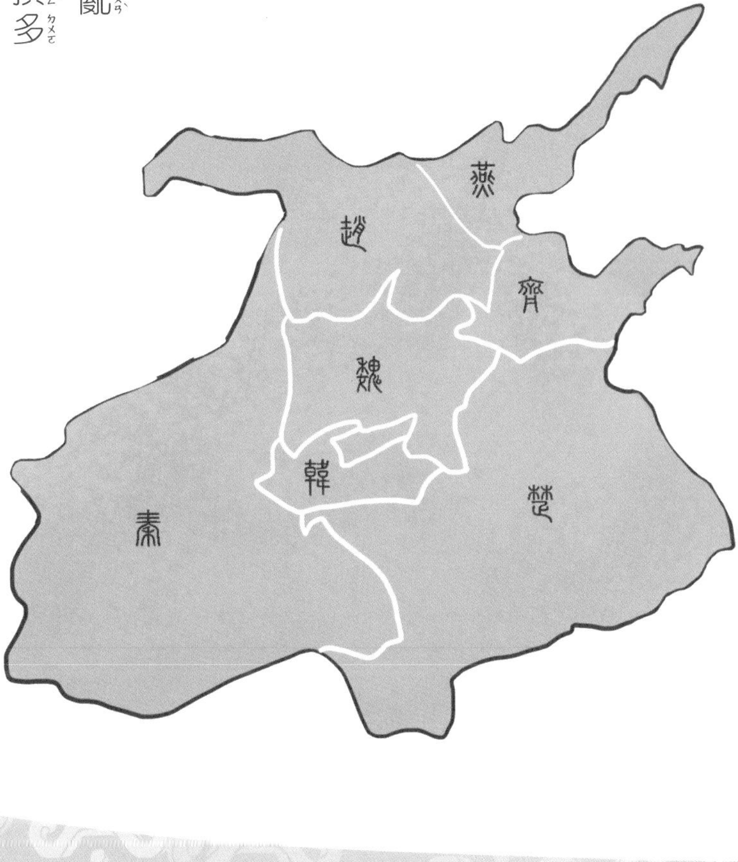

秦王採納了尉繚的提議，收買各諸侯國的一批大臣，並結合大軍猛攻和離間計的策略，結果發揮了很好的效果。

秦王十三年，他派大將率兵攻打趙國，攻占了趙國的很多地方。不只如此，隔年，秦王又利用趙國發生大旱災的時機，派軍隊攻下趙國的井陘。第三年，再次進攻趙國，成功俘虜趙王。

秦王十四年，韓國派出謀士韓非子出使秦國，秦王採用李斯提出的籠絡方法，成功把韓非子留在秦國，韓王只好向秦國稱臣。接著，秦王派兵攻打韓國，接收了韓國的全部土地。

秦國的軍隊節節勝利後，嬴政又派兵攻打燕國，予以重擊，攻占燕國都城，燕王逃往遼東。

緊接著，秦國攻打魏國時，用開挖溝道的方法引來黃河的水，讓大水淹進魏國的大梁城，逼迫魏王投降，並一步一步占領魏國的全部土地。

後來，秦王也順利的占領楚國的大片土地，俘虜楚王，還從燕國一路南下攻打齊國，大敗齊軍，俘虜齊王。

西元前二二一年，秦國終於滅掉六國，完成統一中國的大業，建立中國歷史上第一個中央集權的封建王朝——秦朝。

秦王嬴政號稱「始皇帝」，史稱「秦始皇」。秦朝建立後，在李斯等大臣的建議下，秦始皇實行一系列政策來鞏固統治，強化中央集權。

統一六國後，秦國的國土非常廣闊。因此，秦始皇下令把全國分為三十六個郡，所有中央和地方官員都由秦始皇親自任命。

為了促進各地區的文化交流，強化秦朝的統治，秦始皇制定「小篆」為標準字體，並統一全國的長度、容量和重量，甚至還規定車子兩輪之間的距離，統一道路的規範。

為了阻擋匈奴和其他外族的侵擾，秦始皇下令把原先秦、燕、趙三個諸侯國的城牆連接起來，並修補得更加堅固，這就是「萬里長城」的由來。雖然修築長城耗費大量民力，但是對於軍事上卻有極大的保護作用。

秦朝初期的各種措施並非沒有遭到反對，不少學者和賢士，會在背後議論朝政。為了控制社會大眾的思想，秦始皇竟然下令將《詩經》、《書經》等著作一律燒毀，還抓了四百六十多名賢士和學者，把他們統統活埋，這就是中國歷史上有名的「焚書坑儒」。

而且為了避免百姓造反，秦始皇下令沒收所有武器，並把它們熔毀，鑄成銅鐘、銅人，擺放在皇宮中。

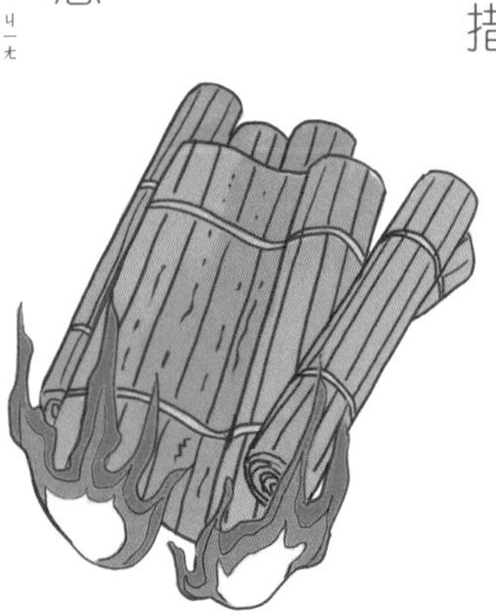

為了根絕六國的後代反叛，強令貴族和富人遷至都城，便於監視。

秦始皇統一中國後，本以為可以把皇位千秋萬代的傳給自己的子孫，卻沒想到他自己和兒子秦二世等人的暴政，引發大規模的農民起義。最後，秦朝只延續短短幾十年，很快就滅亡了。

萬里長城：秦始皇興建的長城，在古代有一定的軍事用途。後來經過歷朝擴建，現在據說是在太空唯一能看見的建築物，更成了眾人嚮往一睹風采的旅遊勝地。

第四章　悲情英雄——項羽

項羽，名籍，字子羽。項家每一代都是楚國的軍官，他的叔父項梁則是楚國大將項燕的兒子。小時候的項羽不用功念書，劍術也沒學好，這讓項梁很生氣，認為他不會有什麼出息。項羽卻說：「看書識字只能用來記記姓名，劍術再強也只能抵擋一個人，如果我要學，就要學能打敗萬人的本領。」於是，項梁開始教他兵法，但項羽懂了一些概念後，就不願意再繼續學習。

後來，項梁因為殺了人，為了躲避仇家的追殺，不得不帶著項羽逃到吳中地區。項梁在吳中拉拔當地的賢士，還在暗中組織當地的青年，教授他們劍術和兵法。漸漸的，這一帶的人都開始跟隨他。

秦王當上皇帝之後，曾經前往會稽郡巡視。橫渡浙江時，項梁和項羽也跟著大家前去觀看。看著遠處的秦始皇，項羽突然說：「那個人我可以取而代之！」嚇得項梁趕緊摀住項羽的嘴，「不要亂說，會被殺掉的！」不過，項梁

項

也因此確定了項羽是一個不凡的奇人。

秦始皇駕崩後，秦二世登基為皇帝，他比秦始皇更加殘暴，全天下的百姓都很痛恨他。秦二世元年七月，項羽和項梁在會稽招兵買馬，很快的就率領八千名青年渡過長江，與秦朝軍隊作戰。由於他們的勇猛，也得到百姓的支持，幾乎每次都把秦朝的軍隊打得落花流水。後來，秦朝的軍隊只要一聽到項羽的大名，就會十分害怕。

這時，劉邦也在沛縣起兵抗秦，號稱沛公。很快的，劉邦的軍隊越來越壯大，經常在與秦朝軍隊的戰鬥中獲得勝利。項羽和劉邦各自帶領著強大的軍隊，不久，就成了最主要的抗秦領袖。

為了招募更多人加入對抗秦朝的行列，被項羽視為第二位父親的范增提出建議，他請項梁找來原本楚國國君的孫子熊心，擁戴熊心為楚懷王。

為了集合各方兵馬，前往鉅鹿與秦朝軍隊決戰，楚懷王向所有士兵承諾：「誰先攻入秦朝的都城咸陽，誰就能受封成為關中王。」由於關中是當時最富

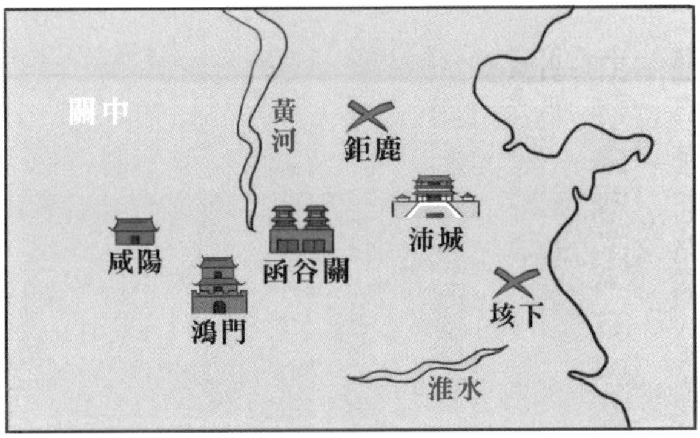

庶的地區，得到關中地區其實就等同擁有天下。於是，劉邦和項羽在楚懷王面前約定，兵分兩路進軍咸陽。

項羽一路上與秦朝軍隊交戰好幾回，終於來到通行關中地區必經的函谷關時，卻發現這裡有劉邦旗下的士兵駐守，而且遠方還傳來劉邦已經搶先打下咸陽的消息。項羽大吃一驚，立刻派出受過良好訓練的部隊攻打函谷關。成功攻破函谷關後，他親自率領四十萬大軍進入關中地區，駐紮在咸陽附近的鴻門。同一時間，劉邦的十萬人馬駐紮在灞上，與項羽的軍隊只相差四十里的距離。劉邦假裝不知道項羽已經到達關中地區，所以沒有和項羽見面。

幾天後，劉邦的手下曹無傷偷偷派人對項羽說：「沛公想在關中地區稱王，將秦國的寶物通通占為己有。」項羽聽完十分生氣：「明天一早，我們就出發去擊敗劉邦的軍隊！」這時，范增也勸項羽盡早行動：「沛公進入關中後，那裡的雲氣都呈現光彩美麗的龍虎形狀，那可是象徵君王的雲氣！千萬不要錯過現在的好時機，趕快攻打他吧！」

楚懷王身邊的官員項伯，也是項羽的叔父，平日裡與劉邦的謀士張良十分友好。項伯一得知項羽馬上要對劉邦開戰，就連夜騎馬趕到劉邦軍中，私下把這個消息告訴張良，並勸他遠離劉邦，趕緊逃走。但張良卻說：「現在沛公有危險，如果我逃跑，那就是不仁不義。我一定要把這件事告訴他！」

於是，張良把項伯的話全都告訴劉邦。劉邦驚慌的問：「那我該怎麼辦呢？」張良沒有回答，只是反問：「依您看，您手中的兵力抵擋得住項羽的軍隊嗎？」劉邦思考了一會兒：「唉！抵擋不住啊！我現在究竟該怎麼辦呢？」張良回答：「請讓我前去告訴項伯，就說沛公您不敢反抗項羽。」

項伯回到項羽的軍營後，將劉邦的意思傳達給項羽，還藉機說：「如果不是劉邦先攻破關中，您怎麼能這麼順利就入關呢？劉邦明明立了大功，您卻要攻打他，這是不仁義的，您反倒應該好好禮遇他。」項羽就這樣被說服了。

第二天早上，劉邦帶著一百多名隨從和項羽見面。一到鴻門，劉邦就向項羽賠罪道：「我和將軍合力攻秦，將軍在黃河以北作戰，我在黃河以南作戰，卻完全沒料到是我先擊敗秦兵入關。現在總算與將軍在這裡會合，但竟然有小人造謠，想要讓將軍您和我反目成仇。」

項羽說：「這些都是沛公您的手下曹無傷說的，否則我怎麼可能對您有疑心呢？」

說完，項羽就請劉邦留下來一起喝酒。項羽、項伯的座位面向東方，范增面南，劉邦朝北，張良則面朝西邊陪同著。在喝酒的過程中，范增對項羽使了好幾次眼色，還舉起他身上的玉佩三次，暗示項羽要當機立斷殺死劉邦，但項羽卻一直沒有反應。

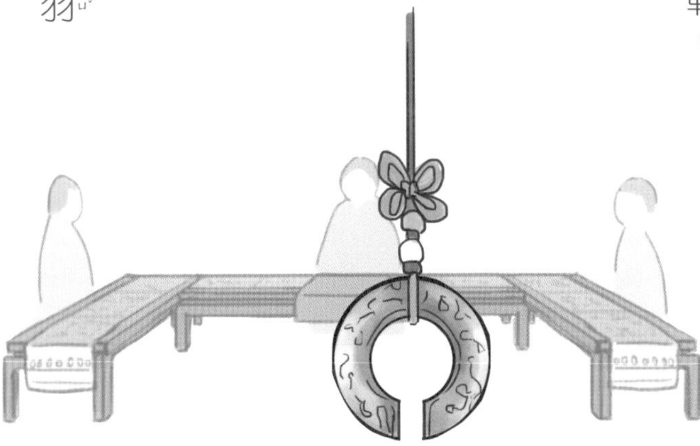

百般無奈之下，范增走出營帳，找來了項羽的堂兄項莊，對他說：「將軍的心腸實在太軟，下不了手。你現在立刻進去敬酒，並說些祝賀的話，接著就請求舞劍助興，再趁機把劉邦殺死。如果不這麼做，以後我們所有人都有可能被他俘虜！」

項莊照著范增所說的話，進去敬酒祝賀，並且提議：「將軍和沛公喝酒卻沒有什麼娛樂，豈不是太無聊了！請讓我舞劍助興吧！」項羽同意後，項莊就拔出劍來，開始揮舞。這時候，項伯也拔出劍，揮舞起來，還不時用自己的身體掩護劉邦，讓項莊始終得不到刺殺劉邦的機會。

張良察覺到情況變得十分危險，用盡各種計謀幫助劉邦逃離鴻門。於是，劉邦假裝喝醉酒，並靠著屬下的幫忙，在混亂中成功的脫身。至於項羽，錯失原本可以順利除掉劉邦的機會，最後只得到一對作為賠罪的白玉。「鴻門宴」的計畫宣告失敗，最生氣的莫過於范增，他對著項羽說：「唉！跟你商量大事真是不值得啊！將來和你爭奪天下的一定是劉邦，這次你沒有除掉他，到時候我們這些人就要被他俘虜了！」

後來，和范增所說的一樣，項羽與劉邦果然成了最有可能取得天下的兩個人，雙方甚至展開長達五年的戰爭。劉邦的勢力越來越壯大，讓項羽的軍隊節節敗退，最後被困在垓下。這時的項羽不僅兵馬傷亡慘重，糧食也快吃完。

一天晚上，從劉邦的軍隊中傳來楚地的歌謠，項羽一聽，立刻大驚失色：「難道劉邦已經占領楚國的土地了嗎？否則他的軍隊裡怎麼會有這麼多楚人呢？」當時有一位人稱虞姬的美人，經常陪伴項羽左右；還有一匹名叫烏騅的寶馬，項羽總是騎著牠出征。聽到四面八方傳來的楚歌聲，項羽一邊喝酒，一邊傷心的唱著歌：「雖然我的力氣大到足以拔起一座山，我的豪氣比這個時代的所有人都來得強，但上天不給我機會，就連烏騅也跑不動。烏騅無法奔馳該怎麼辦？虞姬呀！虞姬！妳該何去何從？」虞姬也應聲附和，唱了一首歌。哀痛的氣氛讓項羽悲傷的流下淚，一旁的侍衛們看見，也都忍不住跟著難過哭泣了起來。

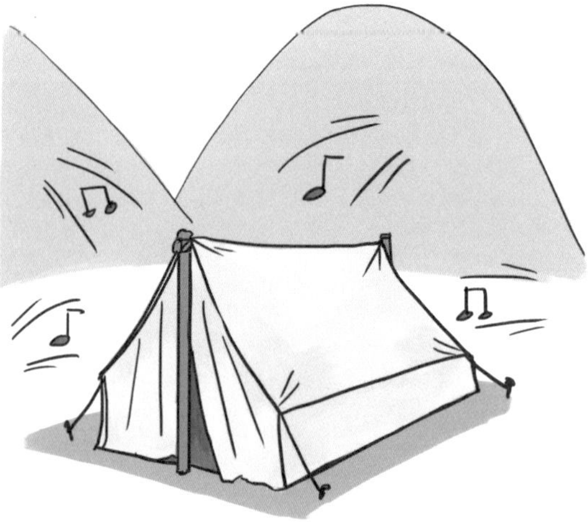

當天晚上，項羽決定摸黑突破重圍，他帶領八百多名壯士騎馬衝出包圍，全速逃離。天快亮的時候，劉邦才發現項羽逃跑，於是派出五千名騎兵追趕。項羽的人馬橫渡淮河後，成功跟上的只有一百多名，還不巧迷失了方向。項羽向一位在半路上遇到的老農夫問路，沒想到老農夫指引的方向卻讓他們陷進一片沼澤地裡，眼看就要被劉邦的兵馬追上，項羽只好向東逃到東城，這時候他的身旁只剩二十八名騎兵。

項羽知道自己沒辦法脫身，就對著手下說：「從我起兵到現在已經八年，經歷了七十多場戰役，從來沒有輸過，所以才能稱霸天下。但我今天卻受困在這個地方，這是上天的意思，並不是我用兵打仗出了什麼差錯。現在，我願意為各位決一死戰，而且絕對會連贏三場！我不但要帶你們衝破包圍，還要斬殺對方的將領，砍倒他們的軍旗。我要向大家證明，現在深陷這種處境，是上天想要我死，而不是我用兵打仗的問題！」

於是，項羽把剩下的人馬分成四隊，分別朝四個方向往外衝去。正當劉邦的軍隊上前層層包圍，步步逼近的時候，項羽對著手下說：「就先由我來為你們解決對方的一名將領吧！」說完，他就下令四隊人馬突圍，前往指定的地點會合。項羽一邊大聲吶喊，一邊向外突擊，不僅把劉邦的軍隊打得東倒西歪，還成功斬殺一名將領。

衝出包圍後，項羽與另外三隊人馬順利在約好的地點碰面。由於劉邦的兵馬不知道項羽在哪裡會合，所以也跟著把軍隊一分為三，重新展開包圍。項羽駕馬奔馳，又砍殺一名軍官和近百名士兵，而自己只損失兩名騎兵。

再次集合人馬後，項羽帶著手下，打算橫渡烏江，向東前進。這時候，負責防守烏江的軍官已經準備好一艘船，並對項羽說：「江東地區雖然不大，但至少也有方圓幾千里的土地和數十萬的人民，足夠讓您稱王。請您盡快渡江吧！這裡只有我這艘船，就算劉邦的軍隊追來，也沒辦法過江。」項羽笑著回答：「如果上天真的要我死，現在渡江又有什麼意義呢？何況當時跟著我渡江向西抗秦的八千名江東子弟，現在竟然沒有一個人能活著回到家鄉，就算江東父老愛戴我，擁護我為王，我又該怎麼面對他們呢？」

項羽繼續對著守衛烏江的軍官說：「我知道你是一位忠厚的人。這匹馬我騎五年了，牠一天能走一千里，所向無敵，我實在是不忍心殺了牠，就把牠賞賜給你吧！」說完，就命令所有的騎兵下馬步行，換上短兵器與劉邦的人馬交戰。最後，光是項羽一個人就殺了好幾百名敵人，但他的身上也因此多了十幾道傷口。

殺敵的過程中，項羽回頭看見背叛自己、向劉邦投降的呂馬童，呂馬童轉過身，用手指向項羽，告訴劉邦的將領：「他就是項羽！」項羽說：「聽說拿到我的首級，就可以得到大筆金錢和封地。不如，我就幫你做件好事吧！」話一說完，便斷然割喉自盡。

項羽死後，劉邦取得天下。由於項羽最初被楚懷王封為魯公，加上他生前治理的魯地直到最後才肯投降，因此劉邦就以魯公的禮儀，將項羽風光安葬。

四面楚歌：故事中項羽被圍在垓下，危機四伏，孤立無援的感覺。小朋友如果打過躲避球，在內場被四面夾攻，一個不小心，就會出局。那種恐怖害怕的心情，是不是就能體會了呢？

第五章 忍辱負重——晉公子重耳

重耳是晉獻公的兒子。重耳從小就喜歡結交品德高尚的朋友，當他十七歲時，身邊就有五個賢士：趙衰、他的舅舅狐偃咎犯、賈佗、先珍和魏武子。晉獻公當上君主時，重耳已經成年，那年他二十一歲。

獻公十三年，獻公有意把繼承人的位子留給寵妃驪姬所生的兒子，於是把年長的兒子們都打發走，重耳就這樣被分派到蒲邑。獻公二十一年，晉獻公聽信驪姬所說的壞話，太子申生被殺。

隔年，晉獻公暗中命令蒲邑的宦官逼迫重耳自殺。重耳慌張的跳牆逃跑，宦官緊追不捨，甚至還把重耳的衣袖都砍破，幸好重耳最後還是成功逃脫。

就這樣，重耳流亡到翟國，這裡是他母親的祖國。當時跟著他一起逃跑的，還有一直追隨在他身邊的五位賢士。

重耳在翟國一共生活了五年。這期間，晉獻公去世，大臣殺死驪姬所生的

幾位公子，並派人接重耳回晉國，想讓他登基為王。重耳害怕回晉國後會被殺害，因此堅決拒絕，大臣們只好改成擁立重耳的弟弟夷吾，於是夷吾成為君主，人稱晉惠公。

惠公七年，因為害怕重耳會返回晉國爭奪王位，所以晉惠公再次派出宦官和壯士前去追殺重耳。

重耳得知這個消息，立刻與趙衰等人商量：「當初我逃到翟國，並不是認為翟國可以幫助我殺回晉國、登上王位；而是覺得這裡鄰近晉國，方便回去，所以才決定在這裡喘口氣。現在已經休息很久了，不如就搬到其他大國去吧！齊桓公一向喜歡做善事，志在稱霸，推行王道，我們為什麼不去齊國呢？」

重耳一行人在行經衛國時去拜訪了衛文公，但是衛文公並沒有好好招待他們。後來，他們來到衛國的五鹿，由於實在太過飢餓，他們只能向住在鄉野的農民要點東西吃。

誰知道，農夫不但沒有把飯菜拿出來，反而把一塊泥土裝進容器，端給重耳。重耳覺得自己被羞辱，忍不住大發雷霆。沒想到趙衰卻說：「這土塊可是您將擁有大片土地的象徵啊！您應該跪下來接過它才對。」於是重耳跪在地上，接受了農夫的土塊。

最後，重耳等人總算到了齊國，齊桓公對他們十分禮遇，不僅把王室貴族的女子許配給重耳，還贈送他二十輛馬車。有了富裕、舒適的生活，重耳很快就在齊國安定下來。

兩年後，齊桓公去世，齊國發生內亂。齊孝公繼位後，局勢仍然動盪不安，鄰近的諸侯國更是經常出兵騷擾齊國。儘管外面的世界亂成一團，重耳依舊留戀齊國，不想離開。這讓趙衰等人非常擔憂，於是他們暗中商量，打算勸重耳返回晉國，重新振作起來。

重耳的妻子也勸他不要沉迷眼前的一切，趕快離開齊國。

重耳卻回答：「人生只求安樂，哪裡還管得了其他事？我只想老死在這裡，不想再去別的地方。」重耳的妻子接著說：「你原本就是一國的公子，只不過因為一些變故才來到這裡。如今，很多賢士都把希望寄託在你身上，你不趕緊回國好好振作，回報那些為你費心勞力的人，反而貪圖安逸的生活，連我都為你感到羞愧！」後來，重耳的妻子與趙衰等人一起策劃，用酒灌醉重耳，再用馬車載著他離開齊國。

重耳喝醉後被抬上馬車，走了很長的一段路後，重耳才醒過來。察覺事情真相的他勃然大怒，想要殺了身旁的狐偃咎犯。狐偃咎犯說：「如果殺了我可以讓你重回晉國、當上君主，那我非常願意！」重耳對他說：「你們都要我登上王位，如果這件事無法成功，我就要吃你的肉！」狐偃咎犯說：「如果沒有成功的話，我的肉一定會有腥臭味，你不吃也罷！」重耳總算了解眾人要他回國的決心，就朝著晉國繼續前進。

重耳一路經過曹國、宋國、鄭國等諸侯國，抵達楚國。楚成王以隆重的禮節接待他，重耳卻不敢接受。這時，趙衰說：「您流亡在外十多年，連小國都瞧不起您，何況是大國呢？楚國雖然是大國，卻對您這麼禮遇，您就不要再拒絕，這是上天在暗示您將會有一番成就。」於是，重耳才接受楚國的招待。

宴會上，楚成王忽然問：「如果你回國後登上王位，要拿什麼來報答我？」重耳回答：「無論是珍禽異獸，還是珠寶絲綢，您都不缺這些，我還真不知道該拿什麼來回報您。」楚成王說：「話是這樣說沒錯，但你還是說一說要拿什麼報答我吧！」重耳想了想，為難的說：「那我就直說吧！假如以後晉國與楚國不得已要交戰，我願意讓我的軍隊退避三舍，也就是退讓九十里的距離。」

楚國大將在一旁聽了，非常憤怒，對楚成王說：「大王用如此隆重的禮儀接待晉國公子，他居然講出這種傲慢無禮的話，請讓我殺了他！」楚成王回答：「公子品德高尚，卻長期受困在外地，他的身邊都是治理國家的人才，怎麼能隨便殺他？況且他如果不這樣說，又能怎麼說？」

後來，重耳在楚國住了好幾個月。秦繆公聽說重耳在楚國的消息，就請他到秦國去。楚成王對重耳說：「楚國與晉國距離遙遠，中間還隔了好幾個國家。而秦國和晉國的國界相連，秦國的國君也是位賢明的人，你就去吧！」重耳臨走前，楚成王還送給他不少貴重的禮物。

秦繆公十分高興，就邀請重耳一起喝酒。在酒席中，趙衰吟誦〈黍苗〉這首詩，秦繆公聽完說道：「我知道你們很想趕快返回晉國，這種心情我理解。」重耳、趙衰馬上行禮，對秦繆公說：「我們依靠大王，就像所有穀類盼望雨水的滋潤一樣！」

晉國的大臣們得知重耳在秦國，都暗中派人前來勸說重耳回國，再加上晉國也有許多人願意幫忙，於是秦繆公決定派兵護送重耳返回晉國。

晉國一聽說秦兵到來，連忙發兵抵抗，不過大家心裡都知道那是因為重耳要回來了。重耳在外流亡十九年，終於回到晉國的都城。重耳接受群眾的擁戴，登上王位，號稱晉文公。當年逃離晉國的重耳四十三歲，等到他重回故鄉，登基成為君主時，已經六十二歲。

退避三舍：重耳，因為懂得退讓，免於殺身之禍。生活中很多時候，如果雙方有爭執，大家願意各讓一步，很可能就能和平收場，不致於大動肝火，吵得不可開交，甚至出手毆打對方了。

第六章　臥薪嚐膽——越王勾踐

勾踐當上越王的第一年，吳王闔閭發兵進攻越國。

越王勾踐派出一支敢死隊，衝到吳國軍隊的陣營前大聲喊叫，接著一起割喉自盡。正當吳國的人馬感到納悶的時候，越國的另一支軍隊趁機襲擊，最後吳國慘敗，就連吳王闔閭也被弓箭射傷。

吳王闔閭臨死前，握著兒子夫差的手，對他叮囑道：「別忘了輸給越國的恥辱，你要為我報仇啊！」

越王勾踐三年，聽說吳王夫差日以繼夜的操練兵馬，即將捲土重來，對越國發動進攻。勾踐打算先發制人，在吳國軍隊還沒有出動前就先去攻打他們。大臣范蠡提醒，現在還不到前去討伐的時候，但勾踐不聽勸告，一意孤行。

結果，吳王調動所有訓練精良的士兵迎戰，把越國軍隊打得兵敗如山倒。勾踐不僅只剩下五千兵馬，還被逼退到會稽山上。

吳國軍隊乘勝追擊，把勾踐所剩不多的人馬團團包圍。

眼看就要全軍覆沒，勾踐對范蠡說：「唉！當初沒有把你的話聽進去，才會落到這步田地。我現在該怎麼辦呢？」

范蠡回答：「為了保全自己，準備東山再起，現在唯一的方法，就是低聲下氣的贈送重禮給吳國，這樣才能擺脫危機。如果對方不接受，那您只好把自己作為抵押，親自去侍奉吳王。」

勾踐同意後，命令大臣文種擔任使者，前去向吳王請求投降。文種跪著對吳王說：「大王派我來請求您，只要您放他一條生路，他願意做您的僕人，讓他的妻子做您的侍妾。」

吳王正要答應他的時候，不料吳國的大臣伍子胥卻出面阻止。

文種回來後，把交涉的結果告訴勾踐，並提出收買吳國宰相伯嚭的建議。伯嚭深受吳王信賴，卻貪圖錢財。於是，勾踐利用這一點，派文種送給伯嚭許多美女和寶物。伯嚭收到禮物非常高興，就勸說吳王接受勾踐投降為奴的請求，留他一命。

在這之後，越王勾踐開始勤奮刻苦，「臥薪嚐膽」，準備報仇雪恨。他搬進簡陋的房子，睡在木柴和乾草堆上，還把一顆苦膽掛在自己的床邊，不論坐著或躺著都能看到它。不僅如此，每天吃飯前他都會把苦膽拿下來舔一舔，讓自己記住膽汁的苦味，好用來提醒自己：「你忘了當時在會稽受到的恥辱嗎？」

越王勾踐親自下田耕種，他的妻子也一手包辦織布的工作，他們不吃肉，也不穿華麗的衣服。除此之外，越王勾踐也禮遇賢能的人才，救濟貧窮的民眾，厚葬戰死的士兵，還和老百姓們一起勞動。

過了幾年，越王勾踐認為時機成熟，想要再次

所防備，否則一旦被他逮到機會，他一定會造反！」

在這段期間，伯嚭甚至與越國的逢同一起策劃，三番兩次在吳王夫差的面前破壞伍子胥的名聲。

一開始吳王不大相信，還派伍子胥擔任前往齊國的使者，直到聽說伍子胥把自己的兒子託付在齊國，吳王終於上當，生氣的說：「伍子胥果然在騙我！」

於是吳王賜給伍子胥一把劍，要他自殺謝罪。伍子胥大笑，說：「我曾經幫您父親稱霸，又協助您登上王位，連我這樣的忠臣您都信不過，看來吳國注定要滅亡了。我死後，請您一定要挖出我的眼睛，放在吳國都城的東門上，我倒要看看越國軍隊是怎麼進城的！」

伍子胥拔劍自盡後，吳王把處理國家大事的權力都交給了伯嚭。

過了三年，越王勾踐問范蠡：「吳王殺了伍子胥，現在他的身邊只剩阿諛奉承的小人，我們可以攻打吳國了吧？」范蠡回答：「還不可以。」

又過了一年，吳王前往黃池與各諸侯國的君主聚會。為了展示自己強大的

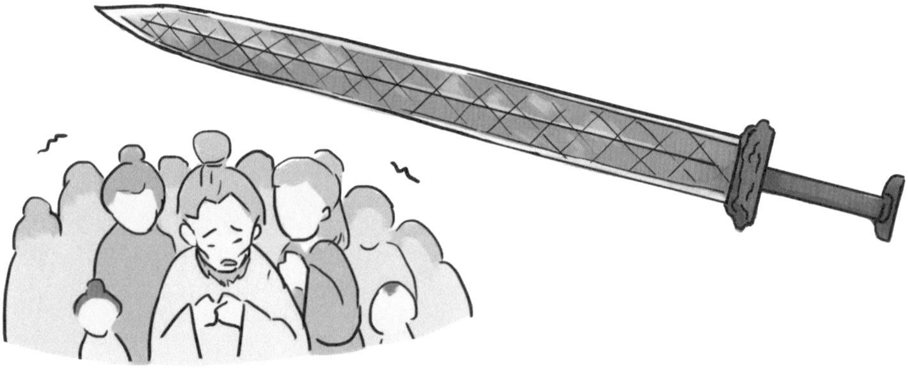

力量，吳王夫差把軍隊全都帶在身邊，留在吳國的只有太子和老弱婦孺。

討伐吳國的時機終於成熟，於是越王勾踐集中訓練有素的兵馬，朝吳國進攻。結果，吳國一下子就被打敗。

吳國連忙派人向遠在黃池的吳王夫差通報這個壞消息，吳王知道自己不是越國的對手，只好讓人帶著貴重的禮物向越國請求停戰。

勾踐想了想，認為越國目前的力量還不足以澈底消滅吳國，越王於是就同意吳王的請求，帶領軍隊返回越國。

接下來的四年時間，越國又多次向吳國進攻。由於吳國優秀的士兵都已經死於與齊國、晉國的戰爭中，根本無法對抗越國的猛烈攻勢。

最後，吳王夫差被越國軍隊包圍，受困在姑蘇山上。吳王實在想不到其他更好的辦法，只能派手下赤裸著上半身，邊跪邊走，請求越王勾踐像自己當年放過他那樣，停止這場戰爭。

看到這個景象，勾踐有點於心不忍，正當他想答應對方的要求時，卻被范蠡出面阻止。

范蠡說：「當年在會稽山，上天打算把越國送給吳國，但吳國沒有接受；而現在，上天想將吳國賜給越國，難道您要違背天意嗎？況且大王如果在這個時候放棄，您二十二年來為了報仇所付出的努力，豈不是全都白費了？」勾踐終於被說服。

不過，勾踐心裡還是覺得吳王有點可憐，就派人傳話給他：「我可以把你安排在甬東這個地方，讓你當個統治一百戶人家的大王！」

吳王不願接受這種提議，於是拒絕勾踐的好意，說：「我已經年老，沒辦法侍奉君主了！」接著就自己結束了生命。他死前還特意矇住自己的臉，哭喊著說：「我到陰間後，實在是沒臉見伍子胥啊！」

越國在勾踐的統治之下，勢力變得越來越強大。直到勾踐去世前，大家都以「霸王」來稱呼他。

臥薪嚐膽：勾踐，戰敗後，沒有失去復國的信心，最終打敗了強大的吳國。如果你考試考壞了，或是打籃球打輸了，會就此放棄嗎？失敗其實不可怕，最重要的是失敗後，我們要如何讓自己重拾信心，一步步往成功邁進。

第七章 捨己為人——趙氏孤兒

晉靈公即位期間，傲慢又蠻橫。大臣趙盾多次勸說他，晉靈公不但什麼也聽不進去，還想殺了趙盾。趙盾情急之下只好逃走，在晉國邊境的偏僻地區躲藏很久。後來，趙盾的堂弟趙穿襲擊並殺害晉靈公，接著擁立靈公的叔叔黑臀當上晉成公，趙盾才重新回到都城。

趙盾過世的時候，國君已經是成公的兒子晉景公。晉景公賜給趙盾封號，讓大家可以緬懷他，還讓趙盾的兒子趙朔繼承他的位子。

晉景公三年，晉國的大臣屠岸賈掌握國家大權，不只如此，他還打算造反，想要奪取王位。為了不讓其他人妨礙他的計畫，屠岸賈假借要懲罰殺害晉靈公的兇手名義，對趙朔一家人下手。因為父親趙盾是趙穿的堂兄，還曾經和靈公有過節，所以也有罪。雖然他已經去世，但罪名卻牽連了兒子趙朔。

屠岸賈對大臣們說：「趙盾當時雖然不知道晉靈公遇難，卻是這整件事的

罪魁禍首。他殺害君主，子孫卻還能當官，這樣我們以後要怎麼處罰犯人？請大家同意處死趙家人。」

大臣韓厥堅決反對這個意見，憤慨的說：「靈公被殺害的時候，趙盾不在都城中。當時成公也認為他沒有罪，所以才沒有殺他。現在你們沒有成公或景公的指示，就要除掉他的子孫，只能叫做亂殺人，這樣根本就是不把君主放在眼裡！」但是屠岸賈完全不理會他的意見。

韓厥沒辦法阻止屠岸賈，只能趕緊把這個情況告訴趙朔，要他趕快逃跑。沒想到趙朔不肯離開，只是對韓厥說：「只要以後還有人幫我們趙家上香，我就死而無憾了！」韓厥答應趙朔的請求，但什麼事都還來不及做，屠岸賈就已經搶先一步動手，他沒有徵求晉景公的同意，就帶著士兵闖進趙朔家，殺死趙朔，他們家族的人也遭受波及，幾乎全數喪命。

趙朔的妻子當時已經懷有身孕，她在屠岸賈殺害趙家的時候，趁亂逃進晉景公的王宮，躲了起來。

趙朔的謀士公孫杵臼問趙朔的好朋友程嬰：「趙朔已經死了，接下來你也會受到牽連。如果遲早都要被那些人殺害，你怎麼不乾脆現在就自盡呢？」

程嬰回答：「趙朔的妻子已懷有身孕，再不久就要生下孩子。倘若幸運的生下男孩，我就不能死，因為我要替趙朔將他撫養長大，延續趙家的香火；但如果是個女孩，我就隨趙朔一起死。」

一段時間後，趙朔的妻子生下一個男孩。屠岸賈一聽到這個消息，馬上派兵到宮裡搜索。迫不得已的情況下，趙朔的妻子只能把嬰兒藏在自己的褲襠裡，並在心裡不斷默念著：「如果趙家不該被滅絕，那你就千萬別發出聲音！」結果，士兵們在王宮中搜索的時候，嬰兒竟然沒發出任何一點聲音。

雖然他們奇跡似的逃過一劫，但危機卻沒有完全解除。程嬰問公孫杵臼：「這一次沒有被找出來是運氣好，但他們一定還會再來搜查的！我們該怎麼辦呢？」公孫杵臼反問：「你覺得養育孤兒和死去，哪一件事比較困難？」程嬰回答：「尋死容易，養育孤兒難！」公孫杵臼就說：「趙朔生前對你不錯，那你就努力點，完成困難的任務！容易的讓我來做，我願意死！」於是他們找來別人的嬰兒，為他穿上華麗的衣服，並由公孫杵臼帶著這個嬰兒躲到山裡。

接著，程嬰找到屠岸賈手下的幾位軍官，故意對著他們說：「我程嬰沒有什麼出息，實在沒辦法完成撫養孤兒的重責大任。如果有人能給我一千兩黃金，我就告訴他趙氏孤兒在哪裡。」這些軍官們聽了都十分高興，答應程嬰的要求後，就馬上派兵前去搜索。

公孫杵臼和男嬰一下子就被找出來。公孫杵臼故意裝成很生氣的樣子，還指責程嬰：「程嬰你這個小人！趙朔被殺的時候，你不想跟著一起死，所以和我共同商量怎麼把這個孤兒藏好，結果你現在竟然出賣我！沒有能力養育他也

就算了，你又怎麼忍心出賣他呀？」公孫杵臼緊緊抱著嬰兒，大喊道：「上天啊！這個孩子到底犯了什麼錯？請讓他活下去吧！如果注定要有一個人死，那就殺我吧！」軍官們當然沒有答應他，不僅殺了公孫杵臼，也把男嬰殺死。

屠岸賈以為自己已經把趙氏孤兒除掉，因此十分高興。但其實真正的趙氏孤兒根本就沒死，而是和程嬰一起躲在山裡生活。

十五年後，晉景公生了重病，請人為他占卜。占卜的人說，晉國會因為沒有子孫繼承的家族而遭受厄運。韓厥知道趙氏孤兒還活著的事實，就對晉景公說：「在我們晉國，沒有後代可以傳承的家族，說的不就是趙家嗎？趙家人每一代都為晉國立下功勞，香火從來沒有斷過，偏偏到了這一代被趕盡殺絕。一定是因為連老百姓都為他們感到傷心，所以占卜才會出現這樣的結果。」

晉景公問：「現在還有趙家的子孫活在這世上嗎？」韓厥想了想，才把真相告訴晉景公。晉景公聽完，決定讓趙氏孤兒重新繼承家族的一切，和韓厥討論後，景公派人將程嬰與趙氏孤兒帶進宮裡，知道這個孤兒被取名為趙武。

晉景公利用軍官們入宮來探病的時候，叫他們與趙武、程嬰對質。這些軍官連忙解釋：「那年趙家會遇難，全都要怪屠岸賈。他假造您的命令，強迫我們替他做事，不然我們怎麼敢隨便殺人呢？大王您現在有病在身，需要趙家子孫幫助您治理國家，既然這是您的命令，我們當然願意遵循！」程嬰和趙武拜謝了每一位軍官，並跟著他們一同討伐屠岸賈，還滅了屠岸家族。後來，晉景公把趙家原本的封地再次賜給趙武。

等到趙武二十歲成年的時候，程嬰向各位大臣道別，並對趙武說：「當年屠岸賈殺害趙家所有人，照理講我應該也要陪著他們一起死。我之所以選擇活著，就只是擔心趙家的後代沒有人照顧。現在你已經長大成人，也重新繼承父親的位子，我的任務終於結束。是時候讓我到九泉之下，向你父親和公孫先生報告這一切了。」

趙武一邊哭一邊磕著頭，請求程嬰留下：「我願意受任何的苦來報答您，直到我失去生命。難道您忍心丟下我去尋死嗎？」

程嬰說：「別再說了！當初是因為公孫杵臼覺得我能夠辦成大事，所以他才比我早走一步；如果我一直不去向他報告，他就會認為我還沒完成這件事。」說完，程嬰就自盡了。

程嬰死後，趙武為他守喪三年，還挪出一塊封地專門用來祭祀他，後來的每一代子孫也都會到這裡紀念程嬰。

忍辱負重：程嬰，為正義勇敢挺身而出，把趙氏孤兒撫養長大。如果在學校，你發現有人因為被誤會而受到欺負，是否會秉持公義，立刻站出來為他說話呢？

第八章 至聖先師——孔子

魯襄公二十二年，孔子在魯國出生。由於他剛出生時，頭頂的中間下凹而四周凸起，看起來就好像「丘」的古字，所以就將他取名為丘。

孔子家境貧窮，社會地位低下。成年後，他曾經擔任管理倉庫的小官，也管理過牧場，後來升上負責建設工程的職位。由於孔子學識豐富又懂禮節，不少人都向他請教、學習。為了實現自己的理想，他放棄原先的官職，離開魯國，在各國之間遊走，尋找賞識他的君主。但是他在齊國受到排斥，被宋國、衛國驅逐，受困在陳國、蔡國之間的郊區，最後不得不返回魯國。回到魯國後，孔子的學生漸漸多了起來。

孔子三十五歲的時候，發生一件重大的事件。季平子和郈昭伯因為鬥雞，得罪了魯昭公，魯昭公率兵攻打季平子，季平子和孟家、叔孫家的人馬聯合起來反擊魯昭公，結果魯昭公反而被打敗，躲進齊國。不久後，魯國發生動亂，

孔子在混亂中也逃到齊國，並成為齊國大臣高昭子的部下。孔子和齊國掌管音樂的官員一起談論音樂，還學習宮廷的音樂，由於孔子完全沉醉在美妙的音樂裡，竟然整整三個月連吃肉都不知道肉的滋味。他對於學習事物的熱情和專注力，讓齊國人十分欣賞。

齊景公曾經向孔子請教治理國家的訣竅。孔子說：「國君要像國君，臣子要像臣子，父親要有父親的樣子，兒子要做身為兒子該做的事。」齊景公聽完拍手叫好，非常同意孔子所說的話。但是後來不知道是什麼緣故，雖然齊景公仍然給孔子很高的待遇，但是他漸漸的不再向孔子詢問治理國家或有關禮儀的事。

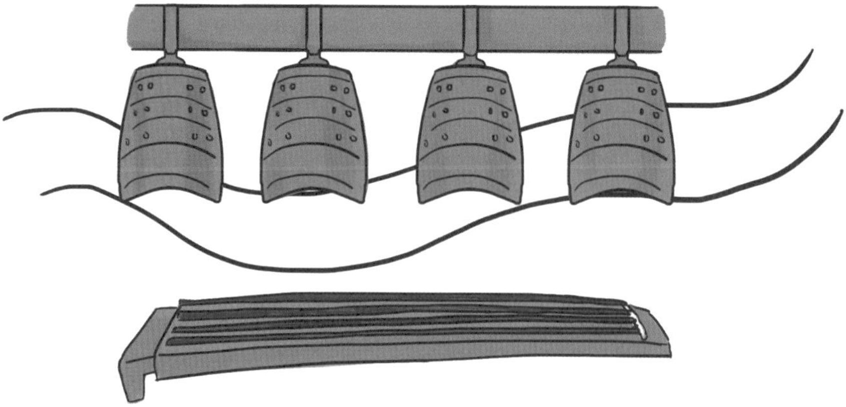

當時，齊國的大臣想陷害孔子，孔子得知這個消息後，馬上向齊景公求救，可是景公只說：「我已經老了，沒辦法幫你。」所以，孔子只好離開齊國，再次返回魯國。

後來，魯定公又任用孔子，他請孔子擔任魯國的官員。一年後，各地的官員都開始仿效孔子做事的方法，他也坐上了大司寇的位子，掌管魯國的法律。這個時候的孔子已經五十幾歲。

魯定公十四年，孔子五十六歲，他從大司寇晉升為代理宰相的職務。孔子的臉藏不住他開心的表情，他的學生看到就問道：「老師，您為何看起來這麼高興呢？我聽說君子遇到再大的災難，都不會露出恐懼的表情；就算得到上天的恩賜，也不會讓喜悅的神色掛在臉上。」孔子說：「這個說法的確沒錯，不過，不是也有人說『地位尊貴卻對人謙虛有禮，是一件令人開心的事』嗎？」

在他處理國家大事的三個月裡，商人不敢隨便哄抬物價，人們看見遺失在道路上的東西都不會據為己有，拜訪魯國的人也不必送禮請求，就可以得到很好的接待和照顧。

齊國聽到這些情況後，感到十分害怕。有人說：「讓孔子管理國家大事，魯國的勢力一定會變得很強大。魯國一旦壯大起來，一定會先併吞齊國，我們必須想辦法阻止。」於是齊國想出計謀，準備能歌擅舞的美女和裝飾華麗的馬車，送給魯國的君主。魯定公沉溺於享樂，無心治理國家大事，這讓孔子非常失望。在多次勸說都無效的情況下，孔子只能無奈的離開魯國，開始長達十四年周遊列國的生活。

孔子首先到了衛國，衛靈公給了孔子很好的待遇。可是才來不久，就有人到衛靈公面前講孔子的壞話，結果衛靈公竟然派人監視孔子的出入。孔子擔心會遭受陷害，所以只住了十個月就離開了衛國。

接著在前往陳國的路上，途經匡城的時候，由於孔子的長相很像一個曾經殘害過當地居民的人，居民一見到孔子，就把他圍困起來。在不得已的情況下，孔子只得派隨從向衛國的甯武子求救，好不容易才擺脫險境。

後來，孔子還到了曹國和宋國。停留在宋國的時候，宋國的大臣桓魋想殺害孔子，就趁孔子在一棵大樹下教導弟子禮儀的當下，派人去砍大樹，想要把他們壓死。逼不得已，孔子只好離開宋國，朝鄭國前進。

孔子抵達鄭國時，不小心與弟子們走散，獨自一人站在鄭國都城的東門外面。孔子的弟子子貢四處打聽許久，總算有人告訴他：「東門外有個人，他的額頭像以前的堯帝，他的脖子像皋陶，他的肩膀像子產；可是他的腰部以下卻比大禹短三寸，狼狽得像一隻喪家犬。」

子貢找到孔子後，就把那個人所說的話，一五一十的告訴孔子，沒想到孔子竟然還高興的說：「他用怎樣的話語來形容我的相貌，都無關緊要。但是他說我的模樣看起來像一隻喪家犬，還真是貼切！」

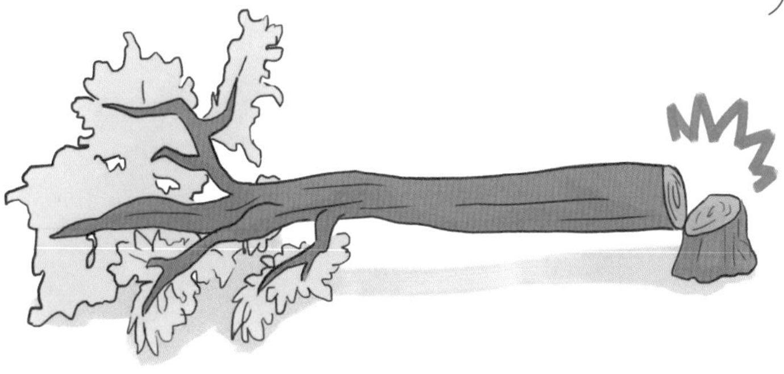

後來，孔子到了陳國。住在這裡的第三年，正巧遇上晉、楚兩國的戰爭，夾在中間的陳國常被這兩國輪番攻打，吳國也經常侵襲陳國。為了躲避戰亂，孔子離開了陳國，帶著弟子回到衛國。

衛靈公聽說孔子要來，高興的親自到郊外迎接。不過，這時候的衛靈公早已年老，懶得處理政事，也不想重用孔子。孔子失望的歎息：「如果有人讓我協助處理國家大事，一年後國家就會出現新的樣貌，三年就會得到非常好的成效啊！」

孔子無奈的離去，準備與晉國大臣趙簡子見面。沒想到，走到半路，來到黃河岸邊時，就傳來趙簡子殺死另外兩位晉國大臣的消息。孔子說：「這兩位大夫可是最有才華和品德的人！趙簡子還沒擁有現在的地位之前，全靠這兩個人的幫助，沒想到現在竟然殺了他們。真正的君子是不會傷害自己的同類，這個道理連鳥獸都懂，更何況是我孔丘呢？」於是他半途折返回到自己的家鄉。

之後孔子又接連前往衛國、陳國及蔡國。

走訪蔡國的時候，路上遇見正在耕作的長沮、桀溺，他們是躲避亂世而隱居在這裡的人。孔子讓弟子子路去打聽渡口在哪裡。長沮問：「馬車上那個人是誰？」子路回答：「是孔丘。」長沮又問：「是魯國的孔丘嗎？」子路說：「是的。」長沮說：「那麼他應該知道渡口在哪裡，用不著問別人。」桀溺接著問子路：「你是孔丘的弟子嗎？」子路回答：「是的。」桀溺說：「現在天下動盪不安，又有誰能改變這種局面呢？與其跟著孔子這種為了躲避別人陷害、追殺而到處奔走的人，你還不如跟著我們一起過隱居的生活！」說完就自顧自的繼續耕田。

子路回頭把這些話告訴孔子。孔子感歎的說：「我們不能與居住在山林裡的鳥獸為伍，只能與世間人群共處。如果天下真的太平，我又何必為了改變這種紛亂的局面而四處奔波呢？」

當時，楚國得知孔子住在陳國、蔡國之間的地區，就派人前去請孔子擔任官職，孔子答應了。陳國和蔡國的大臣聽到這個消息後暗中討論：「孔子是個

容納不了。儘管如此，您還是持續宣揚自己的理想，就算全天下的人都不接納又有什麼關係？不被接納，正好證明您是一位真君子！我們的學問比不上老師您，是我們不夠努力；但老師您的學問如此博大精深卻不被採用，可說是那些國家君主的恥辱！」孔子高興的說：「原來是這樣！顏回。如果你將來成為富翁，我願意做你的管家！」

後來，孔子派子貢去楚國向楚昭王求救。還好有楚昭王出兵迎救孔子，才把孔子和他的弟子們從困境中解救出來。

之後孔子雖然成功到達楚國，但是楚國大臣不斷勸阻，讓楚昭王始終沒有重用他。後來，楚昭王去世，孔子的處境變得艱難，於是他又回到了衛國。直到孔子六十八歲時，才重返故鄉魯國，結束長達十四年的周遊列國生活。

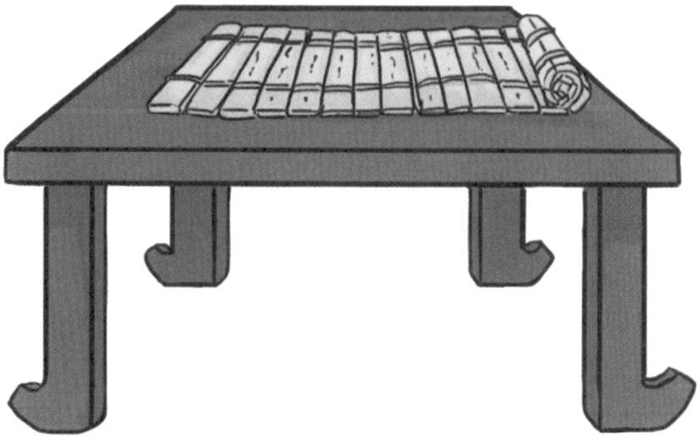

晚年的孔子在家鄉設立學校，弟子多達三千人，其中七十二個人精通禮儀、音樂、射箭、騎馬、文學及算數這六項才能。除此之外，他還整理大量的古代書籍，編寫、修正很多重要的經典作品。後人把孔子的言行語錄做成《論語》，並推崇他為「至聖先師」。

至聖先師：說起孔子，大家都會聯想到《論語》。而《論語》裡都寫了什麼呢？《論語》裡面不僅記載孔子的言論，也包括他對學習的認知，這些不論就德性上、學習上對我們都是非常有幫助的。

第九章　軍事奇才——孫臏

孫臏是戰國時期有名的軍事家。他年輕的時候曾跟隨著名的鬼谷子學習兵法，跟他一起學習的還有一位名叫龐涓的人。

鬼谷子是楚國人，沒有人知道他真正的名字，唯一知道的就是他藏身在偏僻的鬼谷，於是人們就稱他為鬼谷子。鬼谷子研究外交的手段和說話的技巧，培養出一大批有謀略和計策的弟子，他們活躍於各個諸侯國，為各國君主出謀劃策。

龐涓學完兵法後前往魏國，並被任命為魏惠王的將軍，但龐涓心裡很清楚，自己的才能比不上孫臏，就暗中派人把孫臏請到魏國。

孫臏到了魏國後，遭到龐涓的陷害，還用酷刑將他的兩隻腳都砍斷。不只這樣，龐涓甚至在他的臉上刺字，當時在臉上刺字就代表罪犯的身分，這個做法就是為了讓孫臏躲起來，不敢出現在大家面前。

當時，齊國的使者來到魏國的都城大梁，孫臏悄悄與他見面，希望他能帶自己逃出魏國。談話中，齊國使者發現孫臏的確是個奇特的人才，就答應孫臏，把他偷偷藏在車子裡，載回齊國。

齊國的將軍田忌早就聽聞孫臏的才能，所以十分禮遇他。後來，田忌向齊威王推薦孫臏，而齊威王也常常向孫臏請教兵法，尊稱他為老師。

有一次，魏國攻打趙國，趙國的情況十分危急，於是向齊國求救。齊威王想任命孫臏為主帥，率領士兵前去救援。孫臏卻推辭說：「我是一個身體殘缺不全的人，不適合擔任主帥。」於是齊威王改讓田忌擔任主將，命孫臏為軍師。為了確保孫臏行動方便，齊威王還派人專門為他製作一輛有布篷的車子。

田忌帶領兵馬正打算出發的時候，孫臏提醒道：「想要解開雜亂糾纏的東西，握著拳頭隨便用力是行不通的；想要勸阻扭打成一團的人，加入打鬥也無濟於事，反而應該避實擊虛，等到局勢逐漸明朗，一切的難題就能自行解開。

「現在魏國正在進攻趙國，他們最優秀的部隊一定都已經離開魏國，全心全力的投入作戰，國內只剩下一些老弱殘兵。您不如趁這個機會，率兵直接攻擊魏國的都城大梁，切斷他們的交通要道，襲擊他們防備脆弱的地方。「這麼一來，魏國軍隊一定會為了搶救自己的國家，而迅速從趙國撤退。這個方法可說是一舉兩得：不但解除魏國對趙國的圍困，還能讓魏國遭受挫敗。」

田忌聽完馬上叫好，接受孫臏的建議。

事情果然不出所料，魏國軍隊慌亂的撤去對趙國都城邯鄲的包圍，還在急忙趕回魏國的途中，受到齊國兵馬的襲擊，最後以慘敗的結果收場。

十三年後，魏國和趙國聯合進攻韓國，韓國向齊國求助，齊國再次派出田忌率兵前往救援。田忌仿效上次孫臏提出的方法，帶領軍隊直奔魏國的都城大梁而去。魏軍的指揮者龐涓得到情報，馬上捨棄攻打韓國的機會，返回魏國抵擋齊軍。

這時的齊國軍隊已經越過邊境向西前進，即將進入魏國的領地。孫臏有預感很快就要與龐涓決戰，就對田忌說：

「魏國的士兵一向強悍勇敢，瞧不起我們齊國的兵馬。懂得作戰的人就會將計就計，利用這一點，讓局勢轉向有利於自己的這一邊。

「兵法有這樣的說法：為了搶著立下戰功，急行軍如果連續走一百里的路，便會讓主帥輸掉戰鬥；如果連續走上五十里路，全軍只會有一半的人會成功到達目的地。

「我們進入魏國境內駐紮時，一開始先讓士兵蓋好可以供應十萬人份伙食的爐灶；第二天，只要建五萬人份的爐灶；到了第三天，再減少到三萬人份，這樣就行。」

龐涓率領著魏國軍隊，在齊國的兵馬後面追了

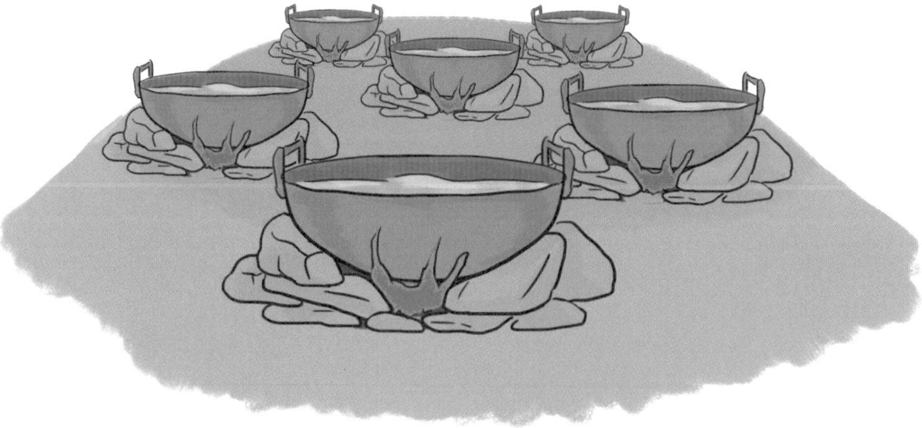

三天。他看見齊國軍營的爐灶數量越來越少，非常高興的說：「我早就知道齊國的士兵膽小怕死，才進入魏國的領土三天，死的死，逃的逃，現在只剩下不到一半的人了！」

龐涓突然覺得自己之前太高估齊國軍隊，於是越來越輕敵。他心想齊國的兵馬所剩不多，就乾脆下令拋下行動較緩慢的步兵，只帶領訓練優良的騎兵，不分白天、黑夜，拼命追趕著齊國的軍隊。

不過，龐涓的行動早就在孫臏的預料之中，他判斷龐涓帶領的部隊會在夜裡趕到馬陵。馬陵的道路非常狹窄，兩旁山勢陡峭，地形崎嶇，很適合在這裡埋伏士兵。孫臏命令士兵把路邊一棵大樹的樹皮削掉，在樹幹上刻出「**龐涓必定死於此樹之下**」幾個字。

除此之外，孫臏選出一萬名擅長射箭的士兵，埋伏在道路兩側，吩咐他們：「你們都記住了，晚上只要一看到有火光，就同時朝那個地方射出箭矢！」

不出所料，到了晚上，龐涓果然率領著那支騎兵部隊，氣喘吁吁的趕到馬陵。他發現前面有棵大樹的樹幹看起來十分奇怪，就停下腳步，上前一探究竟。他發現樹皮上刻了一行字，於是吩咐士兵點亮火把，想要靠近點看清楚。但是，龐涓還沒看完那行字，埋伏在道路兩側的一萬名齊國弓箭手，就已經拉滿了弓，瞬間萬箭齊發。

魏國的騎兵在一片混亂下，連保命都來不及，更不可能展開反擊。龐涓知道自己的才智不足以化解這次危機，唯一的結局只有失敗，就拔劍割喉自盡。自殺之前，他還大喊道：「我終於成就孫臏這小子的名聲！」

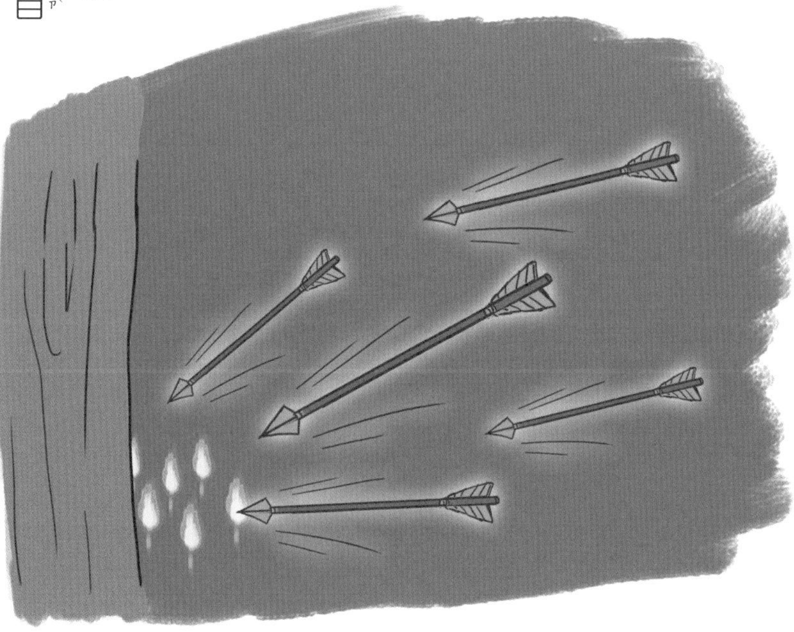

龐涓一死，魏國人馬失去主帥，更是不堪一擊。齊國軍隊乘勝追擊，澈底擊敗了魏軍。

由於這場戰鬥大獲全勝，讓孫臏從此名揚四海，而他所寫的《孫臏兵法》也在後世持續流傳著。

圍魏救趙：孫臏，在魏國攻打趙國時，不正面出擊，而是出其不意的出兵包圍魏國，解救了趙國。在許多運動比賽中，有時無法正面對抗對手時，只要運用一些智慧，在對手最薄弱的地方發動攻擊，仍有機會扭轉劣勢。

第十章　富國強兵——商鞅變法

商君是衛國國君的姬妾所生的公子，名鞅，姓公孫。公孫鞅少年的時候就喜歡學習有關法律的知識，並在魏國宰相公叔痤的底下做事。

公叔痤知道公孫鞅才華過人，原本想把他推薦給魏惠王，可是自己卻在那之前突然病倒。魏惠王親自前去探望公叔痤的病情，並且問他：「萬一你的病無法痊癒，之後我要把國家大事交給誰處理呢？」公叔痤說：「公孫鞅雖然年紀還很輕，卻有出眾的才能，大王您可以讓他幫助您治理國家。」魏惠王聽了沉默不語。魏惠王正要離開時，公叔痤讓旁人退下，又對魏惠王說：「您如果不任用公孫鞅，請一定要殺掉他。否則，一旦他離開魏國，被別的國家重用，絕對會對魏國帶來危害。」魏惠王答應了。

等到魏惠王離開後，公叔痤召見公孫鞅，向他道歉：「剛才大王問我，誰是將來能夠擔任宰相的人才，我推薦你，不過大王沒有同意。我對他說，如果

他不重用你的話，就一定要把你除掉，而大王也答應我了。你趁現在趕緊逃走吧！不然會被抓住的！」公孫鞅卻說：「大王既然沒有聽您的話任用我，又怎麼會聽您的話殺死我呢？」所以公孫鞅並沒有選擇離開魏國。

公叔痤死後，公孫鞅聽說秦孝公下令在整個秦國境內尋求有才能的人，打算讓國家變得像先前一樣強大，收復失去的國土，於是就前往秦國。透過秦孝公寵愛的臣子景監的幫助，公孫鞅順利見到秦孝公。他與秦孝公談了很久，但是秦孝公卻不停的打瞌睡。

事後，秦孝公責備景監說：「你推薦的人太狂妄！實在不值得任用！」景監責怪公孫鞅害他被罵，公孫鞅說：「我向孝公講帝王的治國方法，但他的思想好像難以啟發。」

五天後，秦孝公第二次召見公孫鞅，雖然公孫鞅談得更多，但依舊不符合秦孝公心中的想法。秦孝公又責備了景監一頓，景監也再次責怪公孫鞅。公孫鞅說：「我向孝公講以仁義治理天下的理念，但他仍然不想採納。我請求他再次召見我。」

第三次召見結束後，秦孝公對景監說：「您推薦的人還不錯，可以和他談論事情。」公孫鞅則對景監說：「如果孝公再召見我，我也已經知道究竟該說些什麼。」於是，孝公再度召見公孫鞅，與他交談了很久。孝公越聽越起勁，還不知不覺的將身體向前傾靠，和公孫鞅交談了好幾天都不厭倦。

景監問公孫鞅：「您怎麼有辦法讓我們的國君如此入迷呢？」公孫鞅回答：「我向孝公講如何富國強兵的霸王之道，他非常喜愛，認為這是管理國家最快速、最有效率的方法。」

後來，秦孝公任用公孫鞅，命令他制訂新的法律，但是又擔心改變原本的法律遭到批評。公孫鞅說：「作為一個國君，如果行動猶豫不決，做任何事都無法成功。對聖人來說，只要能讓國家富有、強大，不必非得效法舊的法規；只要有利於人民，不一定要遵循舊的禮法。」

這樣的說法引來其他大臣的反對，他們主張：「聖人應該在不改變風俗民情的前提下教導人民，有智慧的人應該在不更動法律的基礎上治理國家。」

公孫鞅反駁道：「一般人習慣舊習，而學者總是自限眼界。這兩種人做官、守法可以，卻無法談論法規以外的事物。聰明的人制訂法律，愚笨的人只能被法律制約；有才能的人懂得更改禮法，只有平凡的人才會受禮制束縛。」

此時又傳來反對的聲音：「如果沒辦法帶來一百倍的利益，就不應該隨便變動法規；倘若得不到十倍的功效，就不應該更換器具。」

公孫鞅繼續反駁，說：「治理天下並非只有一種方法，想要富國強兵，就不能死守某種方法不放。商湯、周武王由於不仿效舊的制度，所以才成就一番事業；夏桀、商紂則是因為不創造新的禮法，因此走向滅亡的道路。總而言之，我們不該批評反對舊制度的人，而遵循舊禮法的人也沒什麼好稱讚的！」秦孝公聽完後，說：「你說得對！」

公孫鞅很快就制訂好全新的法律。他把十戶人家稱作「什」，假如發現其中一家有罪，其他九家就必須檢舉，否則所有人都會受到牽連。把犯人藏起來的，必須判處死刑；告發罪犯能領到的獎賞，與殺掉敵人的士兵一樣多。家裡有兩個成年男子的必須分開住，否則要繳兩倍的稅。在軍隊立下戰功，可以按照功勞大小封賞官階和爵位；如果沒有軍功，就算有皇室血統也不能被列入貴族名單之中。功勞多的人，不僅可以提升官階和爵位，還可以坐華麗的車子、穿漂亮的衣服；沒有立功的人，就算再有錢，也只能穿樸素的粗布衣。

新法還沒公布，公孫鞅擔心百姓們不相信、不遵守，就在都城的南門立了一根長達三丈的木頭，並下令：「如果有人能把這根木頭搬到北門，就可以得到十兩黃金。」百姓們都覺得很奇怪，沒有人敢去搬。於是，公孫鞅更改了命令，賞金一下子從十兩增加到了五十兩。終於，有一個人抬起木頭，並搬到了北門。公孫鞅依照規定，賞給他五十兩黃金。公孫鞅用這個方法向百姓證明

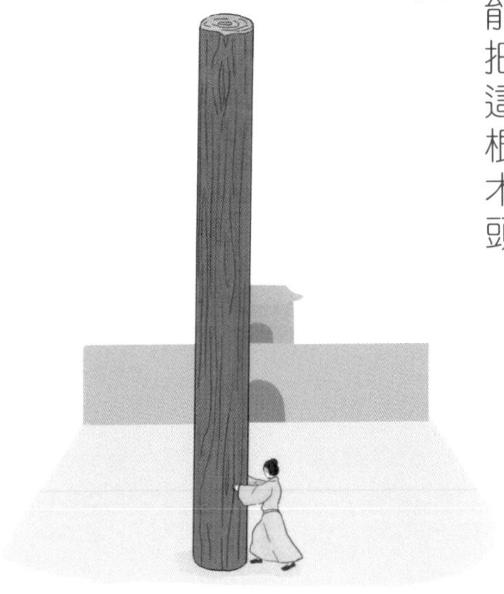

他說到做到，之後，便宣布了新的法規。

新法剛實行時，大家都覺得很不習慣，不想遵守。剛好在這個時候，太子觸犯了新法。公孫鞅說：「新法之所以行不通，就是因為上面的人不遵守，底下的老百姓才會跟著不想遵守。」所以他決定依法懲罰太子。但是太子將來要繼承王位、成為國君，不能動用刑罰，所以由太子的老師公子虔代替他受罰，太子的其中一位老師還受到在臉上刺字的酷刑。公孫鞅再次向百姓證明他說到做到，於是秦國百姓變得越來越守法。

新法施行十年後，秦國彷彿變成另一個樣貌：全國上下都沒有盜賊，百姓看見遺失在道路上的東西不會據為己有，而且每一戶人家都豐衣足食。男子都勇於當兵打仗，不再為了私人恩怨而打架鬧事。許多當初反對新法的人，都稱讚新法帶來的好處。

過了三年，秦孝公接受公孫鞅的建議，把秦國的都城改至咸陽，並在咸陽建造王宮。公孫鞅還把原先的小鄉村合併起來，把秦國全國劃分成三十一個縣。他也鼓勵農民開墾田地，在田與田之間開挖邊界，這麼一來就來清楚知道該徵收多少稅金。同時，他還統一秦國的長度、容量和重量單位。

這些新的規定公布後，又過了四年，太子的老師公子虔再次觸犯了法律，被公孫鞅處以割去鼻子的刑罰。

秦國變得更加富有、強大。

七年後，秦孝公聽從公孫鞅的意見，派出公孫鞅帶領軍隊攻打魏國，魏國則是由公子卬帶兵迎戰秦國軍隊。雙方勢力相當，誰也不讓誰，公孫鞅就寫信給公子卬：「我曾和公子您十分友好，但現在卻各自率領兵馬，我實在是不忍心互相打殺。我希望與公子您見一面，讓我們一起結盟，各自收兵回國，維持兩國安定的狀態。」公子卬信以為真的答應了，沒想到秦國埋伏的士兵突然發動襲擊，俘虜公子卬，還把魏國軍隊打得落花流水。

魏國不得已只好把黃河以西的土地獻給秦國，用來換取和平。魏惠王這時才感嘆的說：「我真悔恨當初沒有把公叔痤的勸告聽進去啊！」

公孫鞅率兵打敗魏國軍隊後，秦孝公把十五座城池封賞給他，並賜給他「商君」的封號，從此以後人們都稱呼他「商鞅」。

商鞅在秦國做了十年宰相，由於他所推動的新法讓王室貴族失去他們原有的利益，很多人都對他恨之入骨。秦孝公死後，太子繼位，成為秦惠王。當時有人提醒商鞅要小心那些王室貴族，他們很有可能會陷害他，甚至可能置他於死地，但商鞅卻沒有把這些警告放在心上。

結果，曾被商鞅懲罰的公子虔誣陷商鞅，說他打算造反。秦惠王非常生氣，派兵前去捕捉商鞅，商鞅在情急之下只能逃離都城，但是士兵仍然緊追不捨。商鞅逃到函谷關時，想在旅店休息，

老闆不知道他就是商鞅，只說：「按照商鞅制定的法律，如果讓沒有證件的人住宿，店家是要被處罰的，所以我不能收留你。」商鞅歎了一口氣，說：「唉！想不到竟然是我推行的法令害了自己！」接著就連夜逃往魏國。魏國人十分痛恨他用欺騙的手段俘虜公子卬，因此不肯收留他。他們還認為商鞅是秦國的犯人，應該由秦國處置，於是將他押回秦國。情急之下，商鞅逃進自己的封地商邑，準備集結兵馬反抗，但是他抵擋不住強大的秦國軍隊，就這樣被殺死。

商鞅雖然去世了，但是他所推行的新法卻幫助秦國變得更加強大，最後成功統一中國。

徙木立信：商鞅，為了證明自己說到做到的決心，獎賞五十兩黃金給那個抬起木頭的民眾。信守承諾，是很重要的品德。很多時候，答應別人的事情，應該要說到就要做到。例如：和別人約定時間，就要準時抵達。

第十一章　外交謀士——縱橫家蘇秦

蘇秦是東周洛陽人，曾經到東邊的齊國拜師，與張儀一起向鬼谷子學習外交方法和說話技巧。

蘇秦在外遊說了幾年，沒有什麼成果，生活困苦，只好回到家裡。家人們都嘲笑他：「我們周人習慣耕地織布、發展工商業，至少賺取十分之二的利潤。你放棄這些最基本的事，想靠嘴皮子賺錢，結果讓自己過著窮困的生活，這難道不是理所當然的嗎？」

蘇秦聽了這些話覺得很慚愧，他把自己關在房裡，將所有的書讀了一遍又一遍，經過一年多的努力，總算讀出一些心得。他心想：「這麼一來，我就能夠遊說那些國君了。」

蘇秦前往周朝都城，要求拜見周顯王。周顯王的手下都認識蘇秦，覺得他沒什麼厲害的，而周顯王最後也沒有採納他的任何意見。

蘇秦接著向西來到秦國，想遊說秦惠王。當時秦國才處死商鞅沒多久，因此十分痛恨遊說的人，他只好往東造訪趙國。但是趙國的宰相奉陽君不喜歡蘇秦，連理都不想理他，蘇秦只好離開。

隨後，蘇秦來到燕國，過了一年多才見到燕國的君主燕文侯。蘇秦遊說燕文侯：「燕國的土地面積占了兩千里，有幾十萬的士兵、六百輛戰車、六千匹戰馬，而且糧食充足，百姓安樂，國家太平。燕國之所以沒有被侵略，是因為南方有趙國這個屏障。但是現在，鄰近燕國的秦國已經發展得非常強大，大王您應該與趙國結盟，才能抵擋秦國的入侵，燕國也就沒有什麼好擔心的。」燕文侯說：「先生說得有理。燕國是個小國，旁邊就是趙、齊兩個強國。如果您可以聯合它們來確保燕國的安全，我願意拿出全

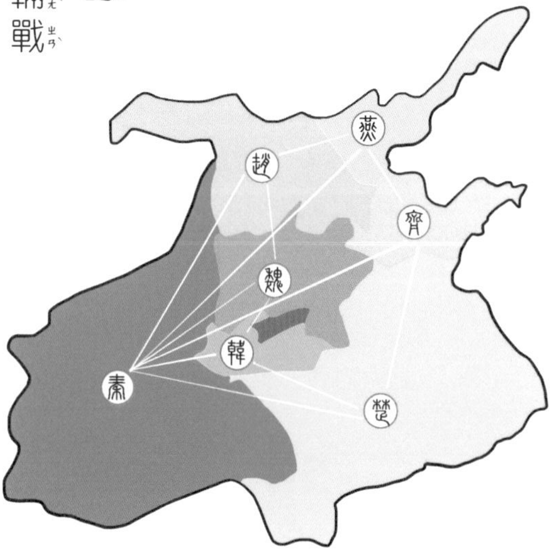

國的資源，聽從您的所有安排。」燕文侯為蘇秦提供很多車馬、絲綢和金銀財寶，資助他到趙國遊說。

當時，趙國宰相奉陽君已經過世，蘇秦趁機遊說趙國國君趙肅侯。蘇秦說：「現在天底下能讓秦國害怕的國家只有趙國，但是秦國卻不敢出動所有的兵馬來攻打趙國，這是為什麼呢？答案是，秦國害怕韓國和魏國從背後襲擊它，因此可以說，是韓國和魏國保護了趙國。可是，韓國和魏國周圍並沒有高山或大河阻隔，一旦被秦國軍隊進攻卻抵擋不了，他們就會投降。這麼一來，趙國就會變成秦國的下一個目標。我曾經仔細研究過地圖，各諸侯國的土地加起來是秦國的五倍，而兵力的總和是秦國的十倍。如果六國結盟，一起討伐秦國，它就再也不敢越過函谷關來侵略各國，說不定六國聯軍還可以直接消滅它。但是您現在卻向秦國屈服！我希望大王您好好思考這麼做到底好不好。」

趙肅侯認真聽完後，就說：「我年紀很輕，當上國君的時間也不長，還沒聽過這麼完美的計謀。現在您有心要讓這個天下安定下來，我願意動用整個國家的資源來協助您。」於是趙肅侯送給蘇秦一百輛車子、一千兩黃金、一百對白玉珮、一百匹絲綢，請他勸說各諸侯國進行結盟。

同一時間，秦孝公命令公孫衍率兵攻打魏國，秦國的兵馬攻占魏國的城池後，還打算繼續往東推進。蘇秦擔心秦國軍隊會入侵趙國，就用計謀讓張儀前往秦國，希望他勸阻秦國繼續出兵。

緊接著，蘇秦火速趕到韓國，開始遊說韓宣王：「韓國北邊有攻不破的地形，西方有堅固的要塞，向東是幾條大河，往南則是高山。韓國不僅國土寬廣，士兵強壯，天底下最強勁有力的弓箭都是這裡製造的，生產的武器和鎧

甲也都非常精良。更何況韓國有賢能的大王您領導大家，沒想到現在竟然在秦國的面前低頭。俗話說：『寧願當雞的嘴巴，也不做牛的屁股。』如果您一再對秦國稱臣，這跟做牛的屁股又有什麼區別呢？韓國明明很有實力，卻得到牛屁股的名聲，我都為大王感到羞愧！」

韓宣王聽完，氣到表情都變了。他揮動手臂，瞪大眼睛，拿起寶劍，抬頭看著天空歎氣，說：「就算我沒有什麼成就，也不想再看秦國的臉色。今天你提醒了我，我願意把整個國家都拿出來，照你所說的話去做。」

蘇秦馬不停蹄的又趕到魏國，遊說魏襄王說：「魏國的實力絕對不會輸給楚國，那些主張要大王您與秦國合作的人，都只是想引誘您與那個殘暴的國家一同攻打天下。魏國最後一定會被秦國反咬一口，但是出這些餿主意的人卻不用承擔任何責任。魏國是個強國，還有大王您這位優秀的君主，卻臣服於秦國，為它建造王宮，穿它的服飾，我真是為大王感到恥辱！請大王好好考慮這些問題，不然將來一定會惹上大麻煩。趙國國君命令我帶著計謀前來，如果大王您能配合我們加入六國結盟，秦國根本沒什麼好害怕的。」魏襄王聽了，馬上表示：「我這個人做不了什麼大事，也沒聽過像你這麼高明的主張。既然你奉趙王的指示要聯合各國，我也願意拿出整個國家來跟隨大家的腳步。」

蘇秦繼續往東邊前進，來到齊國，在齊宣王面前努力遊說：「齊國的土地面積遼闊，財富充足，軍隊也很強大。都城有七萬戶人家，如果每家都有三名男子，光是都城就能徵到二十一萬名士兵。憑著大王的賢能和齊國的強大，天下根本沒有人可以抵擋得了。但是您竟然對西邊的秦國低聲下氣，我真為大王感到羞恥！秦國這麼驕傲，卻遲遲沒有入侵齊國，齊國大臣們不去思考其中的原因，反而先想好怎麼向秦國投降，實在是錯得太離譜！好險現在齊國還沒有向秦國稱臣，一切都還來得及，請大王您仔細想想六國結盟的策略吧！」

齊宣王聽完，就說：「我不是一個聰明的人，加上齊國靠海，位置偏僻，交通不便，沒有機會聽到這種指教。你是受到趙王指派而前來勸說六國聯盟的，那麼，我也願意付出這個國家的一切加入這個行列。」

完成了對齊國的遊說，蘇秦終於來到六國中最後一個諸侯國——楚國。他對楚威王遊說：「楚國是天下的強國，而大王您是賢明的君主。在秦國害怕的國家中，沒有一個能比得上楚國。楚國強大，秦國就會變得弱小；相反的，如果秦國變得強大，楚國就顯得弱小。因此，楚國和秦國可以說是勢不兩立。我以大王您的角度思考，在這樣的情勢下，您不如和其他國家聯盟，來削減秦國的實力。秦國十分殘暴，懷有併吞天下的野心，恨不得消滅各國，把各國的土地都搶到自己的手中。那些主張和秦國結盟的人，想靠割讓土地和秦國維持友好的關係，說穿了只是在幫助秦國，讓它的實力越來越強大。等到有一天，秦國發動軍隊進攻，那些臣子根本不會理會楚國遭遇的危險。所以，趙王派我獻上六國聯盟的計策，請大王對我們的建議好好考慮一番。」

楚威王聽完，說：「我早就已經思考過，光靠楚國自己想要打贏秦國，是不可能的；在朝廷裡與臣子們商量對策，也不夠可靠。為了這件事，我吃也吃不下、睡也睡不好，一直無法安心。現在您要聯合大家一起對抗秦國，搶救岌岌可危的國家，我願意拿整個國家作為交換，完成六國之間的結盟。」

就這樣，蘇秦藉著他的能言善道，成功的讓各個諸侯國，也就是齊、楚、燕、趙、韓、魏六國結盟，準備聯合起來對抗秦國。各國的君主都一致推選蘇秦作為這個聯盟的領導者，同時擔任六個國家的宰相。

完成遊說任務後，蘇秦往北方出發，返回趙國，向趙肅侯報告順利讓六國結盟的事。經過周朝的都城時，因為六個國家都派出使者護送他，馬車的聲勢浩大，就好像國王出外巡視一樣，周顯王一聽蘇秦的到來，還特地讓人把道路打掃乾淨，叫大臣慰勞他的辛苦。蘇秦的家人跪在地上，不敢抬頭看他，恭敬的伺候他吃飯。蘇秦笑著問嫂嫂：「為什麼你以前那麼傲慢，現在卻這麼恭敬呢？」蘇秦的嫂嫂把臉貼在地面上，回答道：「因為小叔你現在身分高貴，而且非常富有。」蘇秦感慨的說：「明明是同一個人，富貴的我讓親戚感到畏懼，貧窮的我卻被他們看不起，何況是其他人呢？假如我以前就是一個擁有大片土地的富翁，還會像現在一樣，成為六國宰相嗎？」於是，他把大量的錢財都賞賜給家人、親戚和朋友。

蘇秦回到趙國後，被趙肅侯封為武安君。後來，蘇秦將六國結盟的聯合聲明送到秦國，秦國有十五年的時間都不敢派兵踏出函谷關一步。

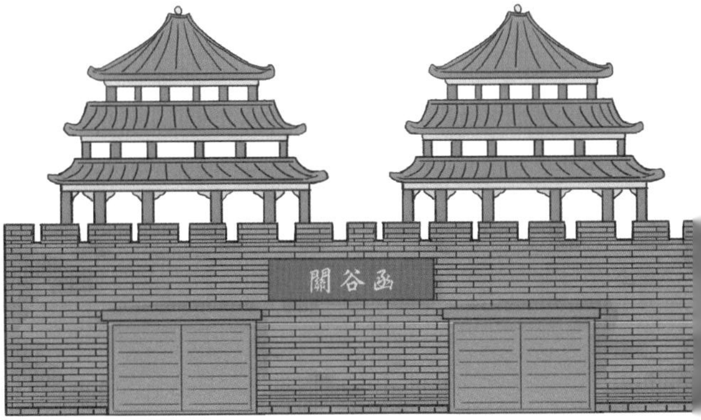

合縱：故事中，六國君主聯合抵抗秦國，保全了自己和盟友，讓敵人不敢入侵。這正是所謂的：「團結就是力量」。團體生活中，我們也經常需要互助合作，例如：家裡或學校的打掃、拔河或籃球運動比賽等。大家一起努力，成功機會就大了好幾倍呢！

第十二章　食客三千——孟嘗君

孟嘗君的名字叫田文。他的父親田嬰，是齊威王的小兒子。田文的媽媽是父親的姬妾，沒什麼身分地位。因為某種迷信，田嬰不准田文的媽媽撫養他，但是田文的媽媽捨不得，還是偷偷的將他拉拔長大。

長大後，田文問父親：「您為什麼不想要我這個孩子呢？」田嬰回答：「因為你是五月出生的。傳說五月出生的孩子長到跟家門一樣高之後，就會給他的父母帶來不幸。」

田文說：「人的命運究竟是上天安排的，還是由那扇門決定的呢？」父親一時難以回答。田文接著說：「如果上天已經安排好一切，那您又何必擔心呢？如果是家門決定人的命運，您只要把大門加高就好了！這麼一來，又有誰可以長得跟它一樣高呢？」父親無法反駁。

大家漸漸都看出田文的才能，後來，父親就讓他幫忙處理家中事務，接待

前來拜訪的賓客。投靠田家的食客越來越多，讓田文的名聲也越來越大。父親去世後，田文繼承父親的爵位和封地，並得到「孟嘗君」這個稱號。

由於孟嘗君正直好客，來自各國的食客和流亡的人都來投靠他，而孟嘗君也十分禮遇他們。很快的，孟嘗君的食客就多達幾千人，不論他們原來的身分地位如何，到了這裡，所有人的地位都和孟嘗君平等。

有一次，孟嘗君招待大家共進晚餐，其中一個人不小心擋住燈光。因為光線昏暗，另一位客人誤以為自己的飯菜比別人的差，氣得想要離開。孟嘗君趕緊起身，端著自己的飯菜給那個人看。那位客人得知真相，感到非常羞愧。經過這個事件後，每個食客都明白孟嘗君對所有人都一視同仁，也知道自己是被孟嘗君善待的。

秦昭王聽說孟嘗君的才華和品德，就派人傳話給孟嘗君，希望他能到秦國與自己見一面。聽說孟嘗君即將前往秦國，每一位食客都覺得他不應該去，想勸阻他，不過他都沒有聽進去。

這時，其中一位食客蘇代對他說：「我今天早上從外面回來的時候，正好見到木偶人和土偶人在聊天。木偶人說：『如果下雨，你就會毀壞。』土偶人則說：『我本來就是用泥土做成的，即使毀壞了，頂多就是回歸到泥土裡。至於你就不一樣，如果雨水把你沖走，真不知道會漂到什麼地方呢！』您竟然敢前往秦國這個殘暴的國家，萬一回不來，您就不怕被土偶人嘲笑嗎？」孟嘗君聽完覺得很有道理，就打消去秦國的念頭。

齊湣王十五年，孟嘗君還是去了秦國，因為秦昭王想讓他擔任秦國的宰相。但是，有人勸秦昭王說：「孟嘗君的確是有才能，但他同時也是齊國的王

族，如果他真的當上秦國的宰相，一定會把齊國擺在第一位，然後才考慮秦國，這樣的話秦國就危險了！」秦昭王被說服後，就放棄讓孟嘗君當宰相的打算，還把他囚禁起來，甚至想把他處死。

孟嘗君為了逃出去，想盡所有辦法，最後決定派人向秦昭王的姬妾求助，因為秦昭王很聽姬妾的話。姬妾命人傳話給孟嘗君：「要我幫忙可以，但我希望能得到您的白狐大衣。」孟嘗君的確有一件非常貴重、獨一無二的白狐大衣，但在這之前早已獻給秦昭王，根本不可能找到另一件一模一樣的大衣。

孟嘗君無計可施，只能向和他一起被囚禁的食客求助，但誰都想不出辦法。最後，他問到一位很會偷盜的食客時，那人說：「我能夠得到白狐大衣。」到了晚上，這位食客假裝成一隻狗，潛入秦國王宮的藏寶庫裡，成功偷回孟嘗君獻給秦昭王的那件白狐大衣。孟嘗君託人把它送到秦昭王姬妾的手中，姬妾也遵守諾言，向秦昭王求情，於是秦昭王很快就釋放了孟嘗君。

孟嘗君連忙離開秦國，途中他不僅換了通行證，還改了自己的姓名。半夜，孟嘗君抵達函谷關。同一時間，秦昭王突然後悔把孟嘗君放走，立刻派人追捕孟嘗君。

在函谷關，守衛告訴孟嘗君一行人，根據法令，必須等到隔天早上雞叫的時候，才能打開這裡的門讓人出入。為了不被追兵趕上，並儘快離開秦國，孟嘗君手下一位會模仿雞啼的食客，馬上發出和雞一樣的叫聲。沒想到他這一叫，附近的雞也跟著啼叫起來，守衛以為天快要亮了，就讓孟嘗君等人出了函谷關。

孟嘗君離開函谷關後，秦國的人馬就趕到，但孟嘗君一行人早就消失得無影無蹤。

其實，這兩個在搭救孟嘗君時立下大功的食客，在當初孟嘗君把他們納為

食客時，其他食客還曾經嫌棄過他們呢！這一次他們幫上大忙，讓每位食客都感到很佩服。

有一天，出現一個穿著草鞋的人，這個人的名字叫馮諼，他聽說孟嘗君對門下的食客非常禮遇，就前來投靠孟嘗君。把他安頓好之後，過了十天，孟嘗君問管理宿舍的手下：「新來的食客這幾天都在做什麼？」手下回答：「馮諼先生很貧窮，不過卻身上佩帶著一把劍。這幾天他只是用手彈著那把劍唱道：『長劍回去吧！飯菜裡沒有魚。』」孟嘗君聽了，就讓馮諼住進好一點的宿舍用餐，也吃得到魚。

五天後，孟嘗君又問管理宿舍的人，他回答：「馮先生還是彈著那把劍，唱道：『長劍回去吧！出入家門沒有車可以坐。』」於是孟嘗君將馮諼安排到最好的宿舍，出入也有車子接送。

又過了五天，孟嘗君再次問管理宿舍的人，他回答：「馮先生依然彈著劍，唱道：『長劍回去吧！養不起家。』」孟嘗君對此非常不高興。

一年後，孟嘗君當上齊國的宰相。這時，他門下的食客已經有三千人，但是光靠封地的收入無法負擔這些人的開銷，所以他開始借錢給需要的人。又過了一年的時間，當初借出去的錢竟然都沒有還回來。如果借錢的人不繳回利息，就沒有錢能夠提供食客食衣住行的一切，於是孟嘗君打算派一位食客要回那些借出去的錢和利息。

管理宿舍的手下說：「住在宿舍裡的馮先生，看起來能言善道，身為長者，卻沒有其他的才能，不如讓他去收錢。」就這樣，這個任務交到了馮諼的手中。

馮諼抵達孟嘗君的封地後，一開始收到十萬塊的利息錢。接著，他用這些錢釀了酒、買了牛，再召集所有借過錢的人，帶著他們的借據集合。聚在一起後，馮諼就請大家一起喝酒、吃肉，趁著大家酒酣耳熟的時候，他讓每個人都拿出自己的借據讓他一一比對。有能力付利息錢的人，先約定好繳交的期限；如果因為過於貧窮，而無法交出利息，就把他們的借據拿來燒掉。

馮諼對著大家說：「孟嘗君之所以會借錢給大家，是為了讓貧窮的百姓用這些錢獲得更多的財富；之所以收取利息，是為了要負擔那些食客的生活開銷。富有的人已經與我約定繳交利息的時間，窮苦人家則燒掉借據，不用再交利息錢。現在，請各位盡情吃喝吧！這麼好的領導者，我們千萬不能辜負他呀！」所有人聽完，一起站起來鞠躬道謝。

孟嘗君聽說馮諼竟然燒掉借據，氣得馬上派人把馮諼叫回來。面對孟嘗君的指責，馮諼解釋道：「如果我沒有準備那麼多的牛肉和酒，就不可能讓所有借錢的人都聚在一起，也沒辦法知道他們之中哪些人富有、哪些人貧窮。有能力繳交利息的，我已經與他們約定好期限；沒有能力還錢的，就算花十年時間向他們索討，也只會讓利息越欠越多。如果操之過急，反而還會讓他們逃之夭夭。到時，您不但要不回借出去的錢，上司還會認為您貪圖錢財，不愛護老百姓，人民則會背上背叛您和賴帳的罪名。我燒掉沒有實際作用的借據，這樣一來，百姓將更加愛戴您，您的好名聲也將傳得更遠，這難道不是一件好事嗎？」孟嘗君聽了，拍手叫好，連忙感謝他。

後來，有人說了孟嘗君的壞話，讓齊湣王誤以為孟嘗君的名聲不僅蓋過自己，還想要掌控治理齊國的權力，於是齊湣王就免除了孟嘗君的職務。許多食客一得知孟嘗君被免職，都紛紛離開。馮諼卻對孟嘗君說：「請借我一輛能進入秦國的馬車，我一定會讓您再次得到國家的重用，而且您的封地還會變得比現在更大。」孟嘗君準備好馬車和禮物，就讓馮諼前去拜訪秦國。

馮諼對秦昭王說：「天底下那些從事遊說的人，往西邊出發，來到秦國，都希望讓秦國強大而齊國變得衰弱；向東方前進，抵達齊國，都希望齊國變得強盛而讓秦國削弱。秦、齊兩國實力不分軒輊，不可能同時稱霸，只有稱霸的那一方才能擁有天下。」

秦昭王急忙問道：「那麼，有什麼辦法能讓秦國不會輸給齊國呢？」馮諼回答：「大王知道齊國免除孟嘗君職務的事嗎？孟嘗君讓天下人對齊國刮目相看，但是齊湣王卻聽信其他人所說的壞話，免去他的職位，孟嘗君心生怨恨，一定會背叛齊國。如果能趁機把他帶來秦國，讓他把齊國內部的情形都告訴您，您就能擊敗齊國，取得齊國的土地！您應該盡快派人準備好禮物，把孟嘗君悄悄帶來，現在這個時機是不可輕易錯過的呀！」秦昭王聽從馮諼的話，馬上派遣十輛馬車載著大批的黃金去迎接孟嘗君。

知道秦昭王已經作出決定，馮諼趕緊從秦國離開，火速返回齊國。他用一模一樣的話勸說齊湣王：「天底下那些從事遊說的人，往西邊出發，來到秦國，都希望讓秦國強大而齊國變得衰弱；向東方前進，抵達齊國，都希望齊國變得強盛而讓秦國削弱。秦、齊兩國一直實力相當，難以分出高下，但是我聽說秦國派遣了十輛馬車，載著許多黃金前來迎接孟嘗君，如果真的讓孟嘗君當了秦國的宰相，那麼秦國就會成為強者，征服整個天下！大王您為什麼不趁秦國使者還沒到之前，重新任用孟嘗君，並擴大他的封地來表示歉意呢？如果您這樣做，想必孟嘗君會非常樂意接受這一切。秦國雖然是個強國，但我們怎麼能允許它帶走我們的宰相呢？只要阻止秦國這個企圖，我們就能破壞秦國想要稱霸天下的企圖！」

齊湣王聽完，立即派人到邊境等候秦國的使者。齊湣王派去的人一看到秦國的馬車抵達齊國邊境，馬上掉頭飛奔回來，報告齊湣王，於是齊湣王就按照馮諼的建議，召見孟嘗君並恢復他的宰相職位。秦國的使者聽到這件事，二話不說就掉頭返回秦國。

就這樣，孟嘗君依靠這位最忠實、最有智慧的食客，重新確立自己在齊國的地位。孟嘗君被齊湣王免除職務時，除了馮諼之外，其他的食客幾乎都離開了他。當齊湣王恢復孟嘗君的職位時，一樣是馮諼前去迎候他。

見到馮諼，孟嘗君感歎的說：「我田文一向善待食客，先生您是知道的。但那些食客看到我被除去職務，竟然都拋下我，頭也不回的離開。還好有先生您幫助我恢復原本的職位，但那些食客還有臉回來見我嗎？如果他們出現在我面前，我一定要往他們臉上吐口水，狠狠的侮辱他們。」

馮諼聽了，立刻停車，跪在地上。孟嘗君下車將他扶起來，問：「您是在替他們道歉嗎？」馮諼回答：「不是的，是因為您說錯話了，事物的發展有一定的規律，人情世態也有它的本來面貌，您明白這句話的意思嗎？」孟嘗君說：「我不明白是什麼意思。」馮諼說：「有生命的東西最後都會死，這是事物不變的道理；富貴的人有很多人士親近，貧賤的人連朋友都沒幾個，這本來就是人之常情。您看看那些到市場買東西的人，白天爭著

擠進店鋪；等到太陽下山了，就算從店鋪前經過，他們也未必會轉頭。這並不是因為他們喜歡早上、討厭晚上，而是因為他們得不到自己需要的物品。所以，希望您能像從前那樣對待他們。」

孟嘗君聽完，心中非常感慨，對馮諼拜謝了兩次，說：「我會照著您所說的話去做。聽了先生您的這番話，我又怎麼敢不接受您的指教！」

雞鳴狗盜：孟嘗君，靠著兩位平日不太起眼的食客，成功從秦國虎口脫險。說的正是：「天生我才必有用」。我們周遭的朋友，有的打球很厲害，有的畫畫很漂亮，有的演講很生動，我們應該看到每個人的優點，向他們學習，讓自己更進步。

第十三章 負荊請罪——廉頗

西元前二八三年，趙惠文王得到楚國的和氏璧。當時，秦昭王聽說了趙惠文王獲得玉璧的消息後，馬上派遣使者送信給趙惠文王。在信裡，秦昭王表示願意拿出秦國的十五座城池，來換取這塊和氏璧。

看著秦昭王的來信，趙惠文王不知道該如何是好，就找大將軍廉頗等人來商量。大臣們想來想去，還是一籌莫展：如果將和氏璧送給秦國，秦國恐怕不會遵守承諾，把十五座城池拿出來，這樣只是一場騙局；但是如果不給，強大的秦國就可能利用這個藉口，來攻打弱小的趙國。想了又想，他們還是覺得應該找一個能夠前往秦國交涉的使者，但是卻找不到合適的人選。

這時，其中一個臣子繆賢說：「我的手下藺相如可以擔任使者。」趙惠文王問：「你怎麼確定他可以完成任務？」繆賢回答道：「我曾經犯下過錯，因為害怕被您懲罰，打算偷偷逃到燕國去。藺相如知道後就勸阻我：『您怎麼肯

定燕王會接納您呢？』我說：『我曾經跟隨大王與燕王見面。當時燕王私下握住我的手，表示願意與我交個朋友，他應該會接納我。』藺相如馬上說：『但是您要知道，當時是因為趙國強、燕國弱，而您又受到趙王的寵信，燕王才願意與您交朋友。您現在逃到燕國去，燕王一定會因為害怕趙國而不敢收留您，反而會把您綁起來送回趙國。您不如袒露上身，趴在腰斬人的刑具上，請求大王的原諒，或許大王會寬恕您。』我按照他的方法做，結果大王您真的開恩饒恕我。我認為他是個足智多謀的勇士，能夠順利完成前往秦國的任務。」

於是，趙惠文王召見藺相如，問他：「秦國要用十五座城池來換取和氏璧，我應該答應嗎？」藺相如回答：「秦國強，趙國弱，只能答應。」趙惠文王又問：「如果秦王拿走我的玉璧，卻不肯把城池交出來，那該要怎麼辦呢？」

藺相如說：「秦國想用十五座城池來換取玉璧，如果趙國不答應，是趙國理虧；但如果趙國把玉璧送到秦國，秦國卻不肯把城池交出來，則是秦國理虧。兩者相較之下，我認為大王您不如答應秦國的請求，把玉璧送去，讓秦國承擔理虧的責任。」趙惠文王再問：「那麼誰可以擔任前往秦國的使者呢？」藺相如說：「大王真的找不到人選的話，我願意捧著玉璧到秦國。如果秦國真的依照約定把城池交給趙國，我就把玉璧留在秦國；如果沒有，我一定會把玉璧完好無缺的帶回來。」於是，趙惠文王任命藺相如為使者，讓他帶著和氏璧前往秦國。

秦昭王坐在行宮裡接見藺相如，藺相如將和氏璧雙手獻上。秦昭王十分高興，接過來之後，又傳給妃嬪和手下們觀賞，大家都歡呼「萬歲」。

藺相如看得出來，秦昭王沒有誠意拿出十五座城池交換，於是走上前，對秦昭王說：「玉璧上有一點瑕疵，請讓我指給您看。」秦昭王就把玉璧交給他。

藺相如接過玉璧，後退幾步，靠在宮殿的柱子上，怒髮衝冠的對秦昭王說：「當初大王想要得到這塊玉璧，派人送信給趙王時，趙王召集大臣們商量，他們都說『秦國貪婪，仗著自己強大，想用謊話來騙取和氏璧，信裡承諾的城池我們恐怕是得不到。』因此大家都不贊成把玉璧送來。可是我認為，哪怕是平民之間的交往也要講求信用，何況是秦國這個大國呢？除此之外，我們也不能因為一塊玉璧就傷了兩國的和氣。趙王覺得我說的有道理，還特地齋戒五天，用隆重的儀式派我帶著玉璧來到秦國，趙王做的這些都是為了表示對秦國的尊重。可是大王您呢？您只在行宮接見我，禮節簡單，態度又如此傲慢。拿到玉璧後，還隨手傳給妃嬪和手下把玩，這分明是在戲弄我！我知道大王沒有誠意拿城池來換取玉璧，所以我又把它要回來。如果大王您一定要逼迫我，我的腦袋將和玉璧一起在這柱子上撞碎！」說完，藺相如舉起和氏璧，雙眼斜視著柱子，擺出一個打算狠狠撞向柱子的動作。

秦昭王深怕藺相如真的會把玉璧砸壞，趕緊道歉，再三請求他不要這樣做，同時叫掌管土地的官員送來地圖，用手指著圖上畫的十五座城池，說是要準備送給趙國的。儘管這樣，藺相如還是不相信秦昭王，認為他只是隨口說說，不可能真的把這些城池送給趙國。於是他又對秦昭王說：「和氏璧是天下的寶物，秦國勢力強大，趙王不敢不獻給您。但是在送出這塊玉璧之前，趙王還特意齋戒五天，甚至在宮殿裡舉行隆重的儀式。現在，大王也應該齋戒五天，並在宮中設置典禮，這樣我才敢把玉璧獻給大王。」秦昭王心想，玉璧畢竟還在藺相如手裡，不能硬搶，就答應了他的要求。

雖然秦昭王答應所有要求，但藺相如暗自想著，秦王表面上同意，但真的要他拿出十五座城邑來交換和氏璧，根本是不可能的。於是他選了一名手下，讓他穿上粗布衣服，打扮成普通老百姓的樣子，從小路逃走，連夜把和氏璧送回趙國。

秦昭王齋戒五天後，也在宮裡設置隆重的典禮，接著請藺相如將玉璧獻上。藺相如走上前，對秦昭王說：「秦國從秦穆公以來，已經有二十多位國君，卻從來沒有一個願意信守諾言。我實在太擔心被大王欺騙，無法完成趙國託付給我的任務，所以已經派人帶著玉璧離去，回到趙國。我知道自己騙了大王，

罪該萬死，所以我願意下湯鍋，受烹煮之刑。」

秦昭王與大臣們面面相覷，不知道該說什麼才好。有的臣子打算把藺相如拉下去處死，但是秦昭王卻認為：「即使現在殺了藺相如，也得不到玉璧，反而還會斷送秦、趙兩國之間的友好關係，倒不如像原本一樣禮遇他，讓他返回趙國。趙王又怎麼敢為了一塊玉璧欺騙我們秦國呢？」秦昭王依舊按照禮節，接見藺相如，典禮結束後，又客氣的讓藺相如回到趙國。

最後，秦國並沒有把十五座城池送給趙國，趙國自然也沒有將玉璧交給秦國。而藺相如返回趙國後，趙惠文王覺得他是一個智勇雙全的人，面對強大的秦國竟然還能維護自己國家的尊嚴，於是任命他擔任重要的官職。

秦昭王沒有如願獲得和氏璧，心中一直耿耿於懷，總是想著要怎麼收拾趙國。藺相如離開秦國後，秦昭王多次派兵進攻趙國，第一次，秦國占領了趙國的石城，第二年，秦國軍隊再次進攻趙國，殺了趙國兩萬兵馬。

秦國擊敗趙國兩次後，秦昭王主動提出，想與趙惠文王談和、結盟。但是趙惠文王非常害怕秦國，不願意前往。廉頗和藺相如兩人商量後，都認為趙惠文王應該和秦王見一面。他們對趙惠文王說：「大王如果不去，就說明趙國不只力量弱，還很膽小呢！」於是趙惠文王被說服，並由藺相如隨同前往，廉頗則負責把他們送到趙國的邊境。與趙惠文王道別時，廉頗提議：「大王您這次和秦王會面，行程不會超過三十天。如果三十天過去，您還沒回來，一定是出了什麼狀況。假設真是這樣，請您先允許，到時候讓我們擁立太子為王，以斷絕秦國威脅趙國的企圖。」趙惠文王同意了廉頗的建議。

秦昭王與趙惠文王相會的過程中，秦昭王總是想著要如何羞辱趙惠文王。秦昭王喝酒喝得正開心的時候，他突然提出：「我聽說趙王喜愛音樂，那麼就請您為我們彈奏瑟吧！」於是趙惠文王演奏了一曲。結束後，秦國負責記錄歷史的官員當場寫下：「某年某月某日，秦昭王與趙惠文王一起喝酒，秦王命令趙王彈瑟。」

這時，藺相如走上前，對秦昭王說：「我們大王聽說您十分擅長秦國的樂曲，不如也請您敲擊盆缶，演奏一首曲子來互相娛樂吧！」

秦昭王十分生氣，沒有答應藺相如的提議。捧著盆缶的藺相如，又往前走幾步，跪下請求，但是秦昭王仍然沒有答應。藺相如想了一下，接著說：「那麼，我只剩最後一個請求。請您允許我在這五步之內，讓脖子的血濺到您的身上！」這時，秦昭王的侍衛全都衝上前，想殺死藺相如。只見藺相如睜大雙眼，狠狠的瞪著對方，並大聲嚇阻他們，讓這些侍衛不自覺的倒退幾步。秦昭王沒有辦法，只好無奈的在盆缶上敲了一下。藺相如馬上呼喚趙國的官員，叫他寫下：「某年某月某日，趙惠文王與秦昭王一起喝酒，秦王為

趙王擊缶演奏。」

秦昭王的大臣們看到這個情況，就喊著：「請趙國用十五座城池為秦王祝壽！」藺相如立刻回敬，喊道：「請秦國用都城咸陽當作禮物，獻給趙王！」就這樣，直到聚會結束，秦王都無法用氣勢壓過趙國。同一時間，趙國還在邊境大規模的整理軍隊，讓秦國始終不敢輕舉妄動。

返回趙國後，由於藺相如護主有功，趙惠文王就安排他擔任趙國的宰相，比廉頗的官位還高。廉頗得知這件事，心裡很不服氣，對別人說：「我是將軍，在外頭攻城掠地，為趙國出生入死，建立許多大功。而藺相如只不過憑藉口才，立下一點功勞，職位竟然在我之上。更何況他出身卑微，我實在無法忍受在他底下做事，這太羞辱人！」廉頗還揚言：「如果我遇到藺相如，一定要當面好好羞辱他一番。」

藺相如知道廉頗的不滿之後，處處躲著他，避免與他碰面。要到宮裡開會時，藺相如總是說自己生病無法出席。還有一次，藺相如坐車出門，遠遠看見廉頗，就直接讓車子調頭離開。

藺相如的食客們並不認同這些做法，就對他說：「我們之所以離開親人而投靠您，是因為仰慕您崇高的威望。但是現在，您與廉將軍明明都是重要的大臣，他可以公開的用言語羞辱您，您卻那麼膽小，總是躲避他。連普通人都會為您的行為感到羞恥，況且您還是一位堂堂的宰相呢！我們這些人沒有什麼才能，請允許我們離開您吧！」

藺相如挽留他們，問道：「你們認為，廉將軍與秦王相比，誰比較厲害呢？」食客們回答：「廉將軍當然比不上秦王。」藺相如說：「所以說，連殘暴的秦王我都敢當場斥責，難道我還會怕廉將軍嗎？但是，秦國之所以不敢隨便攻打趙國，就是因為有我和廉將軍兩人在呀！如果我們兩個互相爭鬥，就會破壞目前的局勢。我選擇躲避退讓，不過是把國家危難放在前面，私人恩怨放在後頭罷了。」

藺相如所說的話很快就傳到廉頗的耳裡，廉頗非常震驚，也很慚愧。於是，他選擇藺相如家賓客最多的一天，赤裸上身，背著荊條，到對方家中下跪，請求原諒。廉頗對藺相如說：「我真是一個淺薄卑微的人，竟然不知道您的胸襟如此寬大！」藺相如看到廉頗這麼真誠的模樣，也趕緊扶起對方。

從此之後，他們兩人成為刎頸之交，始終生死與共。由於廉頗和藺相如同心協力的保衛家園，讓秦國有很長一段時間不敢輕易進攻趙國。

負荊請罪：廉頗犯了錯，卻知錯能改。日常生活裡，我們難免會犯下一些大錯或小錯，只要能夠主動認錯，從錯誤中學習，不再重蹈覆轍，相信別人也會原諒我們的。

第十四章

壯烈的刺客——荊軻

荊軻是衛國人，喜歡讀書和劍術。他曾經想用自己的劍術，說服衛元君重用他，不過衛元君沒有答應。後來，他前往燕國，與一位屠夫和一個擅長演奏樂器、名叫高漸離的人成為好朋友。荊軻經常和這兩個人一起喝酒、唱歌，他們開心時一同大笑，難過時一起哭泣，就像無視其他人存在的樣子。在燕國，荊軻還與隱士田光非常友好，田光也堅信荊軻這個人非同小可。

不久後，在秦國做人質的太子丹逃回燕國。秦王嬴政過去曾經與太子丹很親近，但是當他登基成為秦王後，竟把太子丹當作人質，用來威脅燕國。太子丹非常痛恨秦王，於是逃回燕國，一心想要報復他。然而燕國弱小，根本敵不過秦國，找不到對策的太子丹向他的老師鞠武求助，鞠武也答應幫忙。

過了一段時間，秦國大將樊於期因為得罪秦王而逃到燕國，太子丹想收留他。鞠武勸他不要，說這麼做只會激怒秦國，乾脆把樊於期送到匈奴，讓他自

生自滅。但是太子丹不願意採納這個建議。鞠武實在拿太子丹沒輒，只好向他推薦田光：「田光足智多謀，勇敢沉著，是能和您商量大事的人。」於是太子丹前去拜訪田光，沒想到田光卻說：「太子聽到的，是我年輕時的情況，現在的我已經衰老，心力早就耗盡。不過，您可以重用我的朋友荊軻。」太子丹臨走前特別囑咐田光：「我們今天所說的，可都是國家大事啊！請先生千萬不要洩露出去！」

田光急忙找到荊軻，向他說明太子丹要重用他的事，荊軻當場就答應了。田光說：「我聽說長者做事，是不會讓別人懷疑他的。但是今天我告別太子時，太子卻對我說：『我們今天說的，可都是國家大事啊！請先生千萬不要洩露出去！』這代表太子在懷疑我。有節操的俠士，做事是不會讓人懷疑的。」田光拔出劍來，抵住自己的脖子，說：「你趕快去見太子，就說田光已經死了，絕對不會洩露國家機

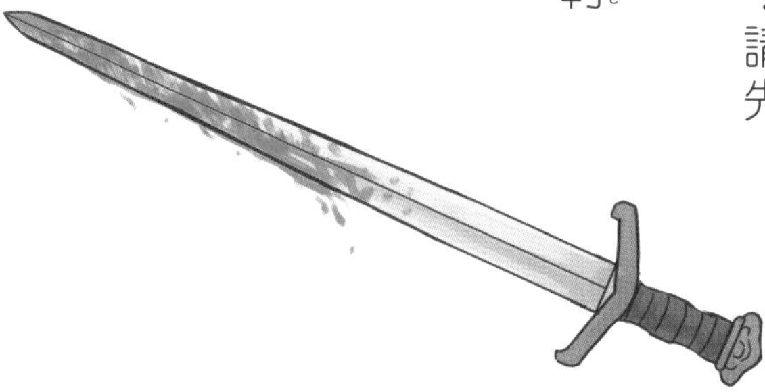

密！」說完就割喉自盡。

荊軻見到太子丹後，在他面前跪拜，太子丹也趕緊離開座位對著荊軻叩頭，對他說：「秦王的貪婪，早已到無以復加的地步。如果不併吞全天下，不讓六國的君主都向他臣服，他是不會善罷干休的。秦國已經俘虜韓王，也占領韓國的大片土地；現在又派兵朝南方進攻楚國，往北部逼近趙國；等到趙國俯首稱臣後，秦國一定會討伐燕國。面對這樣的局勢，我自己有一個不成熟的想法，那就是召集天下的勇士，劫持秦王，逼他歸還所有原本屬於各諸侯國的土地。如果他不願意，就一刀把他殺死。現在，秦國的大將都在外面帶兵作戰，如果秦王死了，秦國上下就會亂成一團，到時候各諸侯國聯合起來，一定能擊敗秦國！這是我心中最大的願望，但是一時之間不知道要把這個任務託付給誰。」荊軻沉默一會兒，說：「我實在沒有什麼才能，恐怕不能勝任。」太子丹上前再次叩拜，再三請求荊軻不要拒絕。荊軻終於被打動，答應了太子丹。

後來，秦國軍隊攻破趙國都城，俘虜趙王，接著向北方前進，直逼燕國。

太子丹非常擔心，請求荊軻趕緊出發。荊軻說：「就算您沒有催促我，我也準備行動。但是，假設我到了秦國，手上卻沒有讓秦王相信的東西，恐怕難以順利接近他。如果我手裡握有樊於期將軍的首級和燕國的地圖，並把這些獻給秦王，那麼秦王一定會召見我，我就有機會刺殺他！」太子丹聽完，痛苦的說：「樊將軍在最困苦的時候投靠我，我怎麼忍心為了報仇而傷害他呢？還是請您再想想別的辦法吧！」

荊軻知道太子丹不忍心，於是私下找樊於期，對他說：「秦王對您實在太狠毒，您的父母、親戚都已經被殺死，現在還聽說他要以黃金和封地當作獎勵，懸賞您的項上人頭。我有一個想法，不僅能解除燕國的禍患，還能為您報仇雪恨，您想聽一聽嗎？」樊於期馬上說：「當然！請您告訴我。」荊軻說：「我希望能將您的首級獻給秦王，到時候，他一定會高興的接見我。這樣，我就可以趁機抓住秦王，用匕首一刀刺死他。如此一來，不但能為您報仇雪恨，也能除去燕國的禍患！您覺得這個方法怎麼樣？」

樊於期聽完，左右手在胸前交叉，緊緊握住雙臂，說：「這些痛苦日日夜夜糾纏著我，今天得到您的指教，我總算可以解脫了！」說完就拔劍自殺。太子丹一聽說樊於期自盡，馬上坐著馬車趕來，趴在他的屍體上痛哭。但是人已經死了，再多做什麼也無濟於事，唯一能做的，就是把樊於期的首級裝到盒子裡，準備接下來的計畫。

後來，太子丹花費大筆黃金，為荊軻準備了天底下最鋒利的匕首，又請工匠在匕首上塗抹毒藥。除此之外，他還找來一位名叫秦舞陽的勇士，作為荊軻的助手。

終於到了幫荊軻送行的時刻，太子丹和其他人身穿白色的衣帽，一路把荊軻送到城外的易水河邊。那一天的天氣很

冷，風很大，高漸離演奏樂器，荊軻則隨著旋律高唱：「風聲蕭蕭啊！易水寒冷！壯士一去啊！不再回來！」場面十分悲壯。

到了秦國，荊軻就先以價值昂貴的禮物，買通秦王寵信的臣子蒙嘉。於是，蒙嘉向秦王報告：「大王威震天下，連燕國國君都不敢違抗，自願成為秦國的臣子，繳交稅金和貢品，只為了保住他們先王的宗廟。燕國為了表示誠意，還特別派遣使者送來燕國的地圖，砍下樊於期的首級，裝在盒子裡，準備獻給大王。」秦王聽了十分高興，就穿上禮服，坐在王宮裡，以隆重的禮儀接見來自燕國的使者。

荊軻手捧擺放樊於期首級的盒子，副手捧著地圖，一前一後踏上宮殿的台階時，副手因為過於害怕而變了臉色，大臣們覺得很奇怪，荊軻趕緊笑著解釋：「我們來自偏遠的北方，身分卑微，沒有見過天子，所以才會這麼緊張。希望大王您不要介意，讓我們完成使命。」秦王對荊軻說：「把地圖拿上來。」荊軻從副手手中接過地圖，交給秦王。

秦王將地圖慢慢打開，等到地圖完全展開，原本藏在裡面的匕首露了出來。荊軻迅速的用左手抓住秦王的衣袖，右手拿起匕首，直直的刺向秦王，但是卻沒有刺中。

秦王嚇了一大跳，立刻抽身逃離，連衣袖都被扯破。秦王想拔劍保護自己，但是劍和劍鞘卡得太緊，一時之間無法將劍抽出來，他只能握著劍鞘跑來跑去。於是，場景演變成荊軻緊追在秦王後頭，秦王繞著柱子打轉的畫面。

旁邊的大臣們都嚇得目瞪口呆，卻又不知道該如何是好，因為根據秦國的法令，除了秦王，其他進宮的人都不能攜帶武器。而兩側的侍衛雖然手拿兵器，但是如果沒有秦王的命令，就不能

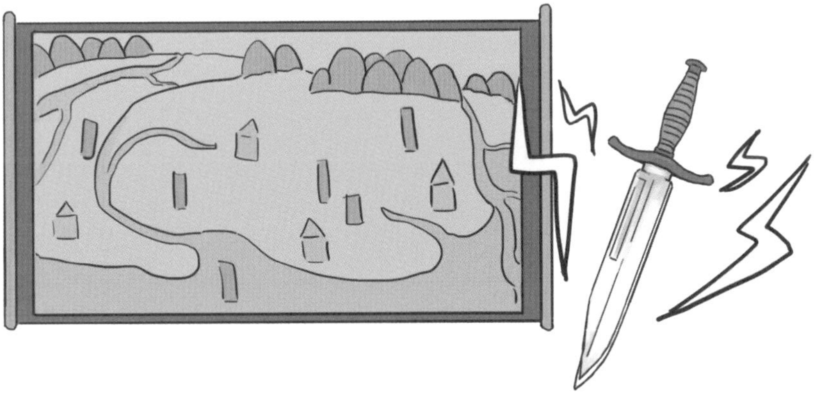

上前半步。

混亂之中，大臣們只能徒手幫忙，這時，醫官將手上捧著的一個藥袋砸向荊軻，接著突然有人大喊：「大王，背劍！」秦王終於冷靜下來，把劍鞘推到背上，用力的把劍拔出來，朝荊軻反擊，將荊軻的左大腿砍斷。

荊軻失去行動能力，只能把手中的匕首射向秦王，沒想到匕首射到了銅柱上，秦王依舊毫髮無傷。秦王舉起劍砍了荊軻八刀，荊軻知道自己失敗了，他靠著柱子大笑，並罵道：「你這個暴君！我之所以沒有成功，只是因為想活捉你，得到你的承諾，向太子報告！」最後，秦王命令侍衛上前，將荊軻殺死。

荊軻被殺後，過了幾年，秦國消滅了燕國，也併吞了天下。西元前二二一年，秦王嬴政成為秦始皇。早在這之前，太子丹就已經被燕王殺死，獻給秦王。秦國內凡是與荊軻、太子丹有關係的人，也都被秦始皇下令處死。

至於荊軻的好朋友高漸離，則偷偷的改名換姓，還喬裝成另一個樣子。不過，他仍然時常演奏樂器，據說只要聽見他演奏的音樂，就會忍不住掉淚。很快的，秦始皇也知道這件事，於是請高漸離入宮演奏。高漸離早就準備好暗殺行動，將鉛塊藏在樂器裡。等秦始皇靠近時，他舉起樂器用力砸向秦始皇，卻沒有砸中，最後也被秦始皇的手下殺死。而秦始皇本人，在經過這些事件後，就再也不敢接近來自其他國家的人。

圖窮匕見：荊軻在獻上地圖時，他的副手表現得非常緊張，因此曝露了刺殺秦王的動機，最後刺殺失敗。在日常生活中，我們面對難題的時候，應該要以穩定的心情面對，才不會因為過於緊張，而把事情搞砸了。

第十五章 邊關名將——飛將軍李廣

李廣是漢朝的隴西人，家族世世代代都學習箭術。漢文帝十四年，北方少數民族匈奴大規模往南方入侵，李廣因為出身良好，本領又高，就跟著軍隊一同對抗匈奴。由於他十分擅長騎馬射箭，殺了許多敵軍，因此被指派擔任宮中的侍衛。漢景帝繼位後，李廣官職越升越高，他還在吳王謀反的時候，跟隨將軍周亞夫參戰，表現十分亮眼。

成功平定謀反後，李廣升了官，掌管一個郡縣。這段期間，匈奴幾乎每天都來攻打他管轄的地區。有大臣對景帝說：「李廣的才氣，天底下沒有一個人能比得上，但是如果他只靠自己的才能與匈奴硬拼，到最後，皇上您恐怕會失去他。」於是景帝把李廣調到上郡，之後因為邊境常常發生戰亂，才不得不讓他又重回邊境，防範匈奴進攻。李廣曾經治理過隴西、北地、雁門、代郡、雲中這些郡縣，不管他到哪裡，都親自帶著兵馬奮勇抵抗匈奴。

有一次，李廣只帶領一百多名騎兵，卻湊巧遇到幾千名匈奴騎兵。匈奴發現對方人數很少，以為前方有陷阱，就趕緊跑到山上，準備作戰。李廣的手下很緊張，想騎馬往回跑，卻被李廣阻止：「想要從這裡回到我們的軍營，至少有幾十里的路程，如果我們現在往回跑，匈奴一下子就能追上我們，把我們全部殺光。但是如果我們停留在這裡，他們一定會認為有陷阱，反而不敢輕易攻擊我們。」

李廣率領一百多名的騎兵前進，在距離匈奴陣地只剩兩里的地方停下來，並下令：「下馬！把馬鞍解開！」騎兵們非常疑惑，問道：「萬一我們解開馬鞍後，這麼多的匈奴人一起衝過來，我們不就逃不掉了？」李廣回答：「解開馬鞍，就表示我們不想逃跑，讓那些匈奴人以為我們只是來誘敵的。」

騎兵們依照李廣的吩咐行動，匈奴人果然像李廣所說的，始終不敢進攻。

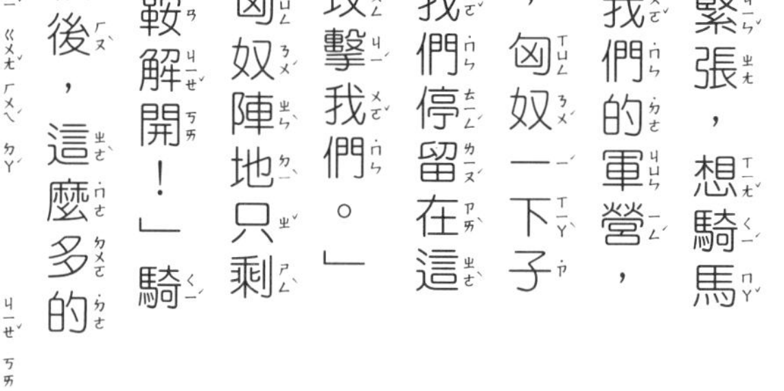

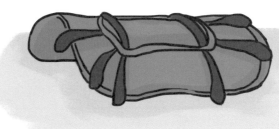

到了黃昏，李廣又叫騎兵們直接把馬匹放開，躺下休息，匈奴人覺得更奇怪，根本不敢隨便出擊。半夜時分，匈奴人認為這附近一定有漢朝埋伏的軍隊，而且打算發動襲擊，就撤退離開了。就這樣，直到隔天早上，李廣才率領這一百多名騎兵返回大本營。

漢景帝去世後，漢武帝登上王位。武帝元年，漢朝軍隊想用馬邑城當作誘餌，在附近設兵埋伏，讓匈奴的首領單于中計。當時，李廣擔任這場戰役的將軍，負責指揮戰鬥。可惜的是，單于識破漢朝軍隊的計謀，還沒到馬邑城就發覺異狀，迅速逃走了。李廣很不服氣，於是再次率領兵馬，從雁門關出發，想要消滅匈奴剩下的力量。沒想到匈奴人多勢眾，李廣不但沒有成功擊敗他們，還被他們活捉。

匈奴單于早就聽說李廣英勇善戰、擅長兵法，想要將他收為手下，就命令道：「把李廣抓來，人一定要是活的！」匈奴的士兵把受傷的李廣安置在一個網袋裡，橫放在兩匹馬上。走了十幾里路，假裝戰死的李廣用眼角的餘光，瞄到一名騎著好馬的匈奴少年，正好路過他的身邊。李廣突然一躍而起，跳上那匹馬，把少年推下去，接著鞭馬奔馳而去。匈奴立刻出動幾百名騎兵追趕他，李廣一邊騎著馬，一邊用少年的弓箭向後射擊，射殺了好幾名匈奴騎兵，最後總算成功脫逃。

重返漢朝境內後，李廣找到傷亡慘重的部隊，帶著他們回到京城。然而，大臣們認為這一仗損失這麼大卻沒有打贏，李廣本人還被匈奴俘虜，這些過錯計算起來，就足以判他死刑。不過，看在李廣以往立下的功勞，再加上他的家人拿出一筆贖金，大臣們決定讓李廣免於一死，但是他也因此失去官職。

邊境的形勢依然十分緊急，李廣回到家中，過了幾年平民百姓的生活，又再次被武帝召集，並重新重用他。於是，李廣開始負責守衛右北平地區，匈奴人聽到消息後十分害怕，稱他為「漢朝的飛將軍」，為了不與他的人馬正面衝突，有好幾年的時間都沒有入侵右北平。

有一次，李廣外出打獵，遠遠看見一塊巨大的石頭，誤以為是一隻老虎，拿起弓箭射擊，沒想到箭矢居然射進了石頭裡。後來，李廣真的碰到老虎，雖然老虎抓傷了他，但是最後仍然被他用弓箭射死。

李廣為人正直、不貪圖錢財，只要得到賞賜就與部下分享，平常也和士兵們一起吃飯。出外打仗時，如果剛好缺水，一旦發現水源，他一定讓士兵們先喝，士兵們沒有喝夠的話，他就不靠近水源。吃飯也一樣，如果手下還沒吃飽，李廣就不吃。由於他對手下寬厚包容的作風，士兵們都非常愛戴他。

自從漢朝建立以來，每一場與匈奴對抗的大規模戰役，李廣幾乎都參加了。西元前一一九年，漢朝的大將軍衛青率領強大的軍隊攻打匈奴，李廣也要求加入出征的行列，但是漢武帝認為他已經年老，沒有准許。在李廣不斷請求

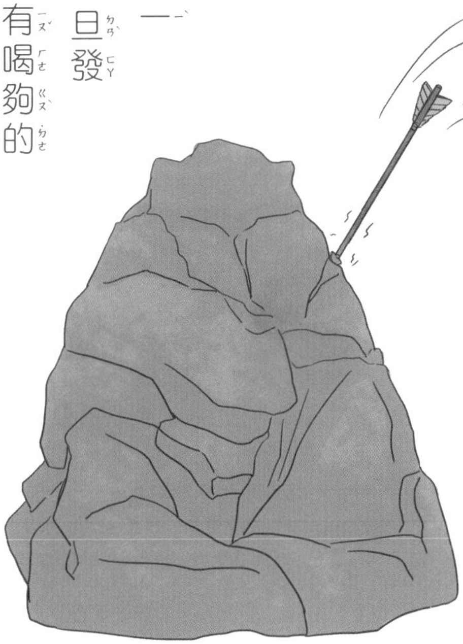

之下，漢武帝總算答應，任命他為前將軍，跟隨衛青等人出發。

衛青從俘虜的口中得知匈奴單于的所在位置，親自帶兵追擊，同時命令李廣和右將軍的部隊會合，沿著東邊的路前進。東邊的路迂迴又偏遠，行進的地方又缺少水源，軍隊難以駐紮。李廣向衛青請求：「我成年後就一直率兵與匈奴交戰，今天終於有了與匈奴單于面對面的機會，希望您能讓我擔任前鋒，與單于決一死戰。」但是武帝早就悄悄提醒過衛青，說李廣年事已高，不適合與匈奴單于的兵馬正面開戰，以免發生意外。李廣了解背後的原因後，堅持不和右將軍的部隊會合，甚至還提出辭職的想法，不過衛青並沒有答應他。

李廣沒有道別就直接離開，怒氣衝衝的趕回自己的軍營，並與右將軍率領的部隊一起沿著東邊的路前進。由於沒有嚮導，李廣的人馬沒多久不是迷路，就是脫隊。衛青與單于的軍隊相遇後開打，卻少了東邊部隊的配合，導致單于就這樣逃走。後來，衛青終於在路上與李廣、右將軍碰面，他質問部隊究竟是怎麼迷路的，打算寫信向武帝稟報這件事。李廣無言以對，於是衛青欲派人到李廣的部隊中調查，準備處罰幾個軍官。這時，李廣才開口：「這些軍官並沒有錯，是我自己迷路，我願意接受處罰。」

返回衛青的大本營後，李廣感歎的說：「我李廣帶兵與匈奴作戰，已經打了七十多場仗。這次有幸跟隨大將軍，獲得與單于正面對決的機會，但是大將軍卻把我的部隊調到那麼遠的地方，還在途中迷路，難道這不是上天在捉弄我嗎？我已經六十多歲，回京城後，難道還要再受那些小小官員對我的侮辱嗎？」說完便拔刀自盡。李廣死去後，他的部下們哭成一團，而百姓們得知後，無論認不認識李廣、無論男女老幼，都為這位英雄離開人世而流淚。

匈奴：故事中經常入侵漢朝疆土的匈奴，是中國古代邊疆的遊牧民族。所謂遊牧民族，就是沒有一個特定的家，他們會隨著季節的轉換，遷移到不同的地方，生活非常辛苦。

影響孩子一生的世界名著

跨時空，探索無限的未來

騎上鵝背或者跳下火山，長耳兔、青鳥或者小鹿

百年來流傳全世界，這些故事啟蒙了爸爸媽媽、阿公阿嬤。

從不同的角度窺見世界，透過閱讀環遊世界！

【影響孩子一生的世界名著】

最適合現代孩子的編排，耳熟能詳的經典故事

呈現嶄新面貌，啟迪閱讀的興味與趣味！

★小戰馬

動物小說之父西頓的作品，在險象環生的人類世界，動物們的頑強、聰明和忠誠，充滿了生命的智慧與尊嚴。

★騎鵝旅行記

首位諾貝爾文學獎女作家寫給孩子的童話，調皮少年騎著白鵝飛上天，在旅途中展現勇氣、學會體貼與善待動物。

★好兵帥克

最能表彰捷克民族精神的鉅著，直白、大喇喇的退伍士兵帥克，看他如何以戲謔的態度，面對社會中的不公與苦難。

★祕密花園

有錢卻不擁有「愛」。真情付出、愛己及人，撫癒自己和友伴的動人歷程。看狄肯如何用魔力讓草木和人都重獲新生！

★小鹿斑比

聰明、善良、充滿好奇的斑比，看他如何在獵人四伏的森林中學習生存法則與獨立，蛻變為沉穩強壯的鹿王。

★青鳥

1911年諾貝爾文學獎，小兄妹為了幫助生病女孩而踏上尋找青鳥之旅，以無私的心幫助他人，這就是幸福的真諦。

★頑童歷險記

哈克終於逃離大人的控制和一板一眼的課程，他以為從此逍遙自在，沒想到外面的世界，竟然有更多的難關！

★森林報

跟著報導文學環遊四季，成為森林知識家！如詩如畫的童趣筆調，保證滿足對自然、野生動物的好奇。

★地心遊記

地質教授李登布洛克與姪子阿克塞從古書中發現進入地底之秘！嚮導漢斯帶領展開驚心動魄的地心探索真相冒險旅行！

★史記故事

認識中國歷史必讀！一探歷史上具影響力及代表性的人物的所言所行，儘管哲人日已遠，典型仍在夙昔。

影響孩子一生的奇幻名著

想像力，帶孩子飛天遁地

灑上小精靈的金粉飛向天空，從兔子洞掉進燦爛的地底世界……
奇幻世界遼闊無比，想像力延展沒有極限，只等著孩子來發掘！
透過想像力的滋潤與澆灌，讓創造力成長茁壯！

【影響孩子一生的奇幻名著】
精選了重量級文學大師的奇幻代表作，
每本都值得一讀再讀！

★西遊記

蜘蛛精、牛魔王等神通廣大的妖怪，會讓唐僧師徒遭遇怎樣的麻煩，現在就出發前往這趟取經之路。

★柳林風聲

一起進入柳林，看愛炫耀的蛤蟆、聰明的鼴鼠、熱情的河鼠、和富正義感的獾，猶如人類情誼的動物故事。

★小王子

小王子離開家鄉，到各個奇特的星球展開星際冒險，認識各式各樣的人，和他一起出發吧！

★叢林奇譚

隨著狼群養大的男孩，與蟒蛇、黑豹、黑熊交朋友，和動物們一起在原始叢林中一起冒險。

★大人國和小人國

想知道格列佛漂流到奇幻國度，幫小人國攻打敵國，在大人國備受王后寵愛，以及哪些不尋常的遭遇嗎？

★彼得・潘

彼得・潘帶你一塊兒飛到「夢幻島」，一座存在夢境中住著小精靈、人魚、海盜的綺麗島嶼。

★快樂王子

愛人無私的快樂王子，結識熱情的小燕子，取下他雕像上的寶石與金箔，將愛一點一滴澆灌整座城市。

★一千零一夜

坐上飛翔的烏木馬，讓威力巨大的神燈，帶你翱遊天空、陸地、海洋神幻莫測的異族國度。

★愛麗絲夢遊奇境

瘋狂的帽匠和三月兔，暴躁的紅心王后！跟著愛麗絲一起踏上充滿奇人異事的奇妙旅程！

★杜立德醫生歷險記

看能與動物說話的杜立德醫生，在聰慧的鸚鵡、穩重的猴子等動物的幫助下，如何度過重重難關。

影響孩子一生名著系列 10

史記故事

啓迪為人處事的智慧

ISBN 978-986-95844-1-8 / 書 號：CCK010

作　　者：司馬遷
主　　編：陳玉娥
責　　編：顏嘉成、呂沛霓
插　　畫：蔡雅捷
美術設計：蔡雅捷、鄭婉婷
審閱老師：施錦雲

出版發行：目川文化數位股份有限公司
總 經 理：陳世芳
發　　行：周道菁
行銷企劃：朱維瑛、許庭瑋、陳睿哲
法律顧問：元大法律事務所 黃俊雄律師
台北地址：臺北市大同區太原路 11-1 號 3 樓
桃園地址：桃園市中壢區文發路 365 號 13 樓
電　　話：(02) 2555-1367
傳　　真：(02) 2555-1461
電子信箱：service@kidsworld123.com
劃撥帳號：50066538

國家圖書館出版品預行編目 (CIP) 資料

史記故事 / 司馬遷作 . -- 初版 . --
臺北市 : 目川文化 , 民 106.12
　面 ;　公分 . --（影響孩子一生的世界名著）
注音版
ISBN 978-986-95844-1-8（平裝）
1. 史記 2. 通俗作品

610.11　　106025084

網路書店：*www.kidsbook.kidsworld123.com*
網路商店：*www.kidsworld123.com*
粉 絲 站：FB「悅讀森林的故事花園」

印刷製版：長榮彩色印刷有限公司
總 經 銷：聯合發行股份有限公司
地址：新北市新店區寶橋路 235 巷 6 弄 6 號 4 樓
電話：(02) 2917-8022

出版日期：2018 年 6 月（初版）
定　　價：280 元

建議閱讀方式

圖文比例	無字書	圖畫書	圖文等量	以文為主、少量圖畫為輔	純文字
學習重點	培養興趣	態度與習慣養成	建立閱讀能力	從閱讀中學習新知	從閱讀中學習新知
閱讀方式	親子共讀	親子共讀 引導閱讀	親子共讀 引導閱讀 學習自己讀	學習自己讀 獨立閱讀	獨立閱讀